JN056161

80年代音楽ノート

まえがき

この数年、「80年代」が思いがけないところから脚光を浴びている。

いうまでもなく「シティポップ」のブームである。70年代の終わりから80年代の前半のユーミンや山下達郎、竹内まりや、大貫妙子、八神純子らのシンガー・ソングライターの曲が、40年もの時間を経て海外で再評価されるという現象から始まった。

「はっぴいえんど」や「シュガー・ベイブ」系、あるいはジャズ・フュージョン系ミュージシャンの「洋楽に匹敵する日本のポップスを」という執念に近い情熱で作り上げたサウンドが、「洋楽よりも洋楽らしい」「もはや海外にもないグルーブ」としてクラブＤＪのサンプリング音源として使われることで広がっていった。

いつの時代でもそうであるように、後世の再評価は必ずしもその時代の現実と重なりあうわけではない。今話題になっている「シティポップ」にしても同様だったと言っていい。

「当時はそんな言葉はなかった」「そういう意識で作ったわけじゃなかった」という当事者たちの感想もしばしば目にすることができる。

そうした新しい音楽を生み出したのが「80年代」だった。とはいうものの「80年代」=「シティポップ全盛」ではなかったことは断言できる。むしろ傍流だったという記憶の方が強い。テレビの歌番組や、ヒットチャートの上位を賑わす音楽として聴かれていたとは言い難い。洋楽の好きな読者はお分かりだろうが、80年代はデジタル処理が施されたエコーの全盛期だった。深いエコーのかかったドラムのダンスビートがトレンドの中で、生演奏の16ビートに重きを置いた一連の「シティポップ」は決して「旬の音」ではなかった。

では「80年代」とはどういう時代だったのか。一言で言えば70年代に芽を出したさまざまな流れが連鎖反応のように一斉に開花していった10年間だった。

どういうアーティストがどんな新しい音楽の流れを切り開いていったのか。彼らは何を歌っていたのか。今では当たり前になった出来事がどんな風に生まれていったのか。

幸いにも筆者は、70年代からアーティストインタビューやコンサート取材などの現場で、その過程を目撃することができた。

サブスクの普及はそれぞれの曲から「時代性」や「編年性」を消滅させていった。

だからこそ時を超えた音楽として聴かれているという前提はありながら、それでもその時に何があったのは、誰かが残しておかないといけないと思う。80年代の10年をアルバム中心にたどったこの本が、その記録のささやかな助けになれば本望だ。

従ってカレンダーは1979年までさかのぼることになる。

80年代音楽ノート 目次

Spotifyコードの使い方

本書には、Spotifyコードを掲載しています。
Spotifyコードの楽曲は、音楽配信サービスSpotifyで聴くことができます。

Step.1 Spotify Premium（有料プラン）またはSpotify Free（無料プラン）に登録する
Step.2 Spotifyの Q「検索」または Q「Search」をタップ
Step.3 検索画面の右上のカメラマーク をタップ
Step.4 枠と「Spotifyコードにカメラを向けてください。」という表示が出ます
Step.5 枠をSpotifyコードに向けます
Step.6 ダイレクトに当該楽曲へ

※Spotify Freeの場合は、その曲を含むプレイリストが再生され、当該楽曲にすぐにいかない場合もあります。
※2024年2月15日時点でSpotifyで聴くことができる楽曲を掲載しています。Spotifyの事由による配信停止などの可能性もあります。ご了承ください。
※コードの下にアルバムタイトルがある場合：配信楽曲が、最初に収録されたオリジナルアルバム（またはその再発売盤）以外に収録されている場合にのみ、アルバムタイトルを記載しています。
※表示されるジャケット写真が当時のものと異なる場合もあります。

プレイリスト

Spotifyコードで聴ける楽曲を、各年ごとにプレイリストにしました。各年の扉ページに記載しており、QRコードを読み取ると以下の音楽配信サービスで聴くことができます。
※表示されるジャケット写真が当時のものと異なる場合もあります。

Spotify 無料プランでも聴くことができます。
Amazon Music 有料プラン（期間限定の無料プランあり）に登録する必要があります。
Apple Music 有料プラン（期間限定の無料プランあり）に登録する必要があります。

※本書に記載している情報及び音楽配信サービスの内容は、2024年2月15日現在のものです。

序章　1979年12月

それぞれの区切りと再出発

「俺たちは80年代に行きます」「もう古い歌は歌わない」

甲斐バンド
「100万$ナイト」

「79年のドラマは全て終わりました。俺たちは80年代に行きます」

「甲斐バンド」の甲斐よしひろ（1953〜）が、1979年12月21、22日の初の武道館2日間公演でそう言ったのは、本編最後の曲「100万$ナイト」を歌う前だ。

どんな年代にも終わりと始まりがある。それまでの10年がどう終わって、新しい10年がどう始まったのか。79年の大みそかはその変化を集約したような日だった。

今、僕らが日常的に親しんでいるポップミュージックの基盤は70年代に作られた。日本語で歌うことが当たり前になったロックバンドや、職業作家を必要としないシンガー・ソングライター、それまでの日本にはなかった音楽のスタイルやコンサートの形。その頃に原型が誕生した例は数えきれない。

ただ、70年代にはそうした先駆者たちの多くが不遇だった。たとえば「RCサクセション」は事務所の問題に巻き込まれ、2024年にデビュー50周年を迎える「THE ALFEE」はレコード会社との契約解除で、ともに思うように作品が出せなかった。日本語のロックの元祖はっぴいえんどにしても実質活動期間は約3年、オリジナルアルバムは3枚しか残していない。

その一方で時代の象徴となった吉田拓郎（1946〜）、井上陽水（1948〜）、松任谷由実（1954〜）や中島みゆき（1952〜）らにとっても、悪戦苦闘していた人たちにとっても「70年代の終わり」は「舞台が変わる」ことに他ならなかった。

79年の12月に初めて使われたのが「武道館ラッシュ」という言葉だ。松山千春（1955〜）、「ゴダイゴ」、陽水、高中正義（1953〜）、桑名正博（1953〜2012）、原田真二（1958〜）、「ジョニー・ルイス&チャー」が次々と公演した。唯一の単独2日間公演を行ったのが甲斐バンドだった。

「100万$ナイト」は79年10月発売。チャート1位になったアルバム『マイ・ジェネレーション』に収録されていた。歌詞に出てくる「傷ついたダンサー」は、大学や高校のキャンパスで吹き荒れた、学生運動に象徴される反体制運動が終息させられる中で挫折していった、70

年代の多くの若者たちを連想させた。甲斐よしひろは、ミラーボールの光の中で電流に打たれたかのように叫び続けていた。

大みそかの日本青年館のステージで「もう古い歌は歌わない」と言ったのは拓郎だ。浅草国際劇場（当時）のニューイヤー・ロックフェスティバルでバンド名を「ダウン・タウン・ファイティング・ブギウギ・バンド」に変え、過去のオリジナル曲を封印すると宣言したのは「ダウン・タウン・ブギウギ・バンド」。同じステージに、髪を染め、化粧を施したド派手なロックバンドに変身した姿で登場したのが、ＲＣサクセションだった。

それぞれの区切りと再出発。新しい時代が始まろうとしていた。

1980年

佐野元春　1980年、新宿ルイードマンスリーライブ
提供：エムズファクトリー音楽出版　撮影：岩岡吾郎

Amazon Music

Apple Music

Spotify

新時代を告げた衝撃のパラシュート
糸井重里作詞による沢田研二の「TOKIO」

「TOKIO」

新しい時代が始まったとお茶の間の音楽ファンに思わせた最初の曲が、1980年1月1日に発売された沢田研二（1948〜）の「TOKIO」（作曲・加瀬邦彦）ではないだろうか。電飾をちりばめたスーツにパラシュートを背負った衣装。テレビゲームを意識したようなテクノサウンド。77年にレコード大賞を受賞した「勝手にしやがれ」や、失われつつある男のダンディズムを歌った79年の「カサブランカ・ダンディ」など、阿久悠（1937〜2007）作詞のヒット曲のイメージをかなぐり捨てたような変貌は〝80年代最初の衝撃〟だった。

作詞は若手コピーライターの糸井重里（1948〜）。彼は、沢田が「TOKIO」を歌う姿をテレビで見て「本当にショックだった」「自分でやった仕事なのに『あ、俺はなんか違うところに行っちゃったな』と思った」と話していた。（拙著『みんなCM音楽を歌っていた　大森昭男ともうひとつのJ－POP』〔2007年〕より）。

80年代の幕開けは、70年代とは違う新しい文化を浮上させた。それまでは〝格下〟とされていた「広告」もその一つだった。

糸井を抜てきしたのは沢田のプロデューサーだった木﨑賢治（きさきけんじ）（1946〜）。2020年12月発売の著書『プロデュースの基本』の中で「TOKIO」のタイトルについてこう書いている。「日本人の名前っぽくもあったし、フランスの空港での〝東京〟の表記でもあるから、まさにこれから国際都市になろうとしている東京もイメージできていいタイトルだなあとピンときました」

東京は80年代の日本を先取りするかのように変わりつつあった。78年にゲーム「スペースインベーダー」が登場し、79年には「ウォークマン」が売り出された。初めての電子キーボード「カシオトーン」が出たのも80年1月だ。ハイテク都市東京が「TOKIO」になった。「若者の街」の代名詞も新宿から渋谷、原宿へと変わった。

糸井は矢沢永吉（1949〜）の自伝『成りあがり：矢沢永吉激論集』（78年）を聞き書きしたことで知られるようになった。彼がCM音楽プロデューサー大森昭男（1936〜2018）の依頼で80年に書いた西武百貨店のコピーが「不思議、大好き。」。ナンセンスやパロディーをユーモラスに取り入れたパルコ出版発行のサブカルチャー誌「ビックリハウス」で糸井の人気連載「ヘンタイよいこ新聞」が始まったのも80年だった。

彼らの作品の中にある従来のジャーナリズムとは違う軽さを、メディアは「軽薄短小」とやゆするように名付けた。椎名誠や嵐山光三郎らの軽妙なエッセイは「昭和軽薄体」と呼ばれた。

糸井は、前述の拙著『みんなCM音楽を歌っていた　大森昭男ともうひとつのJ-POP』

の中でこう言った。

「本当にうれしかった。やっと憎まれるくらいまで来たなって思った」

シャネルズ、日本語でドゥーワップ
黒人音楽を敬愛する〝見たこともない若者たち〟の出現

「ランナウェイ
(Single Version)」

それまでほとんど注目されてこなかった音楽に光が当たってゆく。それはまさしく「新しい扉」が開いたかのようだった。

1980年2月発売のミリオンセラー、年間チャート4位。この年最も成功した新人、「シャネルズ」(1983年に「ラッツ&スター」に改名)のデビュー曲「ランナウェイ」はそんな1曲だった。

歌っていたのは黒人音楽を敬愛する10人組。派手なタキシードに蝶ネクタイというファッションを含めて「見たこともない若者たち」だった。

彼らがやっていたのが「ドゥーワップ」と呼ばれる、50年代にアメリカで全盛を迎えたR&Bである。ニューヨークやデトロイト、シカゴなど大都会で、楽器を買えない若者たちが路上でコーラスを楽しむことで始まった。60年代の前半にかけて、黒人の若者たちを中心に爆発的に広まったが、その後はマニア向けの音楽になっていた。

シャネルズがどんなグループなのか明らかになるのは、5月にデビューアルバム『Mr.ブラック』が出てからだ。アルバムのA面は「ランナウェイ」も含むオリジナル曲で、B面は彼らがステージで歌ってきたドゥーワップのカバー。アルバムの帯にはこんなキャッチコピーがついていた。

「DOO WOPサウンド丸かじり!」

彼らは80年代になって突然登場してきたわけではない。ヤマハが主催していたバンドコンテスト「East West」には77年に入賞、78年には準グランプリも獲得。うわさを聞きつけた大滝詠一(1948~2013)が彼らの地元、東京・大森まで会いに行ったという話は有名だ。リーダーの鈴木雅之(1956~)は、同年の大滝詠一のアルバム『レッツ・オンド・アゲイン』には変名の〝竜ケ崎宇童〟で参加。シャネルズも大滝が主宰しているナイアガラレーベルからデビューするという話があったという。レコードコレクターだった鈴木雅之は、デビュー前から中古盤屋の常連として、山下達郎(1953~)と顔なじみだった。

「ランナウェイ」の作詞は、50年代から洋楽を日本に紹介し続けてきた音楽評論家、湯川れい子(1936~)、作曲は60年代のグループサウンズのパイオニア、元「ジャッキー吉川とブルー・コメッツ」の井上忠夫(後に大輔に改名・1941~2000)。時代を超えた日本語のドゥーワップ調ポップスが「ランナウェイ」だった。

当時と今のアーティストとの最大の違いは、洋楽から受けた影響、そしてアメリカへの夢と憧れだろう。

彼らは、80年7月にロサンゼルスの老舗ライブハウス「ウイスキー・ア・ゴー・ゴー」に飛び入り出演して、夢のライブを実現。81年に出た3枚目のアルバム『LIVE AT WHISKY A GO GO』はその模様を録音したライブアルバムだった。

佐野元春の新しい「ストリートの歌」

「都会の音楽」世代の旗手

「アンジェリーナ」

時代が変われば音楽も変わってゆく。音楽のスタイルはもとより、歌の「舞台」も変わってゆく。その歌の主人公の描写や、歌われている出来事の背景という意味の「舞台」である。

1980年3月21日発売、佐野元春（1956〜）のデビュー曲「アンジェリーナ」は、そうした変化を再認識させる曲だった。ひずませたイントロのギターとサックスの軽やかなスピード感。エイトビートに同化したようにカタカナの単語が繰り出されてくる。「シャンデリアの街」「トランジスターラジオ」「ネオンライト」「バレリーナ」「プロムナード」……。〝主人公〟のアンジェリーナは「愛をさがして」ニューヨークからやってきた淋しそうな女性。青春映画のワンシーンを思わせるみずみずしいロックンロールは、70年代のはっぴいえんどや「サザンオールスターズ」の「日本語のロック」とも明らかに違った。

アスファルトの都会が歌の「舞台」になった。ネオンライトを歌っていながら演歌や歌謡曲のような夜の街の「盛り場」感はみじんもない。

デビューアルバムのタイトルは『BACK TO THE STREET』。つまり〝街路に帰ろう〟。佐野元春は、デビュー40周年の2022年、筆者が担当しているFM COCOLO（大阪）の番組「J-POP LEGEND FORUM」のインタビューでこう言った。

「僕が求めているようなストリート感覚、ポエティックなロックンロールというのはどこにもなかった。〝都会的な音楽〟じゃなくて〝都会の音楽〟を聴きたい。だったら自分でやろうと思い立って作ったアルバム。街路に戻るんだと」

佐野元春は、56年生まれ。10代の頃から曲を書き始め、立教大学の学生だった74年と78年にヤマハの「ポ

佐野元春のアルバム
『BACK TO THE STREET』

ピュラーソングコンテスト」にも出場している。78年には本選で「優秀曲賞」は受賞したものの、デビューするまでには至らず、ラジオの音楽番組のディレクターをしていた。

ラジオ番組の取材でアメリカに行った時に、サンフランシスコで会ったミュージシャンの「東海岸でやり直す」という話に触発されて、デモテープをレコード会社に送るようになった。デビュー当時のインタビューでは「僕のリベンジ」という言葉も使っていた。

80年10月発売の2枚目のシングルが「ガラスのジェネレーション」である。「ガラスのジェネレーション」と「さよならレヴォリューション」という言葉で二つの世代を象徴させながら「つまらない大人にはなりたくない」と歌った。

70年世代の「革命幻想」と決別した「STREET（街路）の歌」。彼の音楽には新しい「世代の旗」が高々と掲げられていた。

オフコース、目指す音楽への〝未来設計図〟
『We are』で初めて1位に

「生まれ来る子供たちのために」（『LIVE』より）

満を持して、というのはこういうことを言うのだろう。1979年12月に発売され、80年2

月にシングルチャート2位の大ヒットとなった「オフコース」の「さよなら」は、小田和正（1947〜）が「初めて売れることを意識して書いた」曲として知られている。

オフコースのデビューは70年。東北大から早大の大学院に進学、建築を学んでいた小田が音楽に専念するのは76年からだ。

オリジナルメンバーだった鈴木康博（1948〜）との2人組に大間ジロー（1954〜）、清水仁（1950〜）、松尾一彦（1954〜）が加わり、彼らが正式メンバーになった5人で作られたのが79年のアルバム『Three and Two』だった。76年には当時としてはまだ珍しかった個人事務所「オフコース・カンパニー」も立ち上げていた。同じように音響・照明などのツアーに関わるスタッフをチームとして固定化するなど、自分たちが求める音楽を実現させるための環境整備は、80年代に向けた〝未来設計図〟のようだった。

オフコースを語る時に重要なのが「さよなら」の次の80年3月発売の「生まれ来る子供たちのために」だろう。テレビの音楽番組には出ず、タイアップもない中での大ヒットに勢いづいたレコード会社の「次もああいう売れる曲を」という要望を退けて、敢えてシングルに選んだ曲だった。

次の時代を作る子どもたちに何を伝えるか。〝売れる〟だけでなく〝残る〟曲を。それが彼らの音楽観だった。

そうやって一つひとつ階段を上ってゆく。5月にはツアー「Three and Two」の新宿の東京厚生年金会館などでの模様を収めた初の2枚組みライブアルバム『LIVE』を発売、6月には初の武道館2日間公演を敢行。8月に始まったアルバムのレコーディングの仕上げが9月からのアメリカ、ロサンゼルスで行ったトラックダウンと呼ばれる最終的な音の調整作業だった。「エンジニアの時代」が幕を開けた。洋楽に匹敵する音のクオリティーを求めて彼らが選んだパートナーは、ボズ・スキャッグス、「スティーリー・ダン」などを手掛けるビル・シュネー。11月に出た8枚目のオリジナルアルバム『We are』のドラムの音の太さに驚かされた。それまでの日本のバンドのアルバムとは明らかに違っていた。『We are』は彼らにとってアルバム、シングルを通じて初めての1位となった。

それぞれの新しい試み――。この年、レコーディングのために初めてロサンゼルスに向かったアーティストには、吉田拓郎や浜田省吾もいた。

山口百恵から松田聖子へ――劇的な主役の交代

時代を代表するアイドルの引退とデビュー

「裸足の季節」

時代の主役は、時に演出家でもいるのではないかと思うくらいに劇的に交代する。1970

年代を代表する女性アイドル、山口百恵（1959〜）が婚約と引退を表明したのは80年3月。松田聖子（1962〜）のデビュー曲「裸足の季節」が発売されたのは同4月だった。

聖子がデビューするきっかけは78年、CBS・ソニー（現・ソニー・ミュージックレーベルズ）と集英社の雑誌「セブンティーン」のオーディション。歌ったのは桜田淳子（1958〜）の「気まぐれヴィーナス」だ。

九州地区大会で優勝したものの、親の承諾を得られずに全国大会への出場を断念。その時の応募テープを聴いたCBS・ソニーのディレクター、若松宗雄（わかまつむねお）（1940〜）の強い勧めと親への説得が功を奏して79年に上京、歌手への道を歩き始めた。

松田聖子のシングル
「裸足の季節」

若松は当時のことを、後に書籍化されたスタジオジブリの月刊誌「熱風」での筆者の連載「風街とデラシネ　作詞家・松本隆の50年」の取材でこう言った。

「写真も履歴書もないままに全部の応募テープを聴いていてすごいなと思ったのが彼女だった。声の強さと抜けの良さ。でも、会社の人は誰もいいとは言わなかった（笑）」

百恵から聖子へ――。物憂げではかなく、どこか神秘的な母性を感じさせた百恵。若松の言葉を借りれば

〝抜けるように明るい〟青春そのもののような聖子。声質も表情も2人は多くの点で対照的だった。それは「70年代と80年代」の違いを物語っているかのようだった。

聖子のデビュー曲「裸足の季節」は作詞・三浦徳子（1949～2023）、作曲・小田裕一郎（1950～2018）。全曲が2人の手による8月に出たデビューアルバム『SQUALL』の1曲目は「～南太平洋～サンバの香り」。コンセプトは〝トロピカル〟だった。

後に聖子と不動のコンビを組むようになる作詞家の松本隆（1949～）は、彼女の歌を聴いた時の印象をやはり筆者の取材でこう言った。「コニー・フランシスみたいな感じがしたの。ポップで声がベタッとしてない。音符がぴょんぴょん跳ねているような感じ。アイドルにしては珍しかった」

百恵は80年10月5日、日本武道館で静かにマイクを置いて舞台を去った。その日は、聖子が自身初のシングルチャート1位を獲得した3枚目のシングル「風は秋色」が発売された4日後だった。

若松は、聖子のプロデュースで意図していたことを「音楽性と文学性」と言った。それが形になるのは翌81年まで待たなければいけない。

RCサクセションの鬼気迫る熱気
久保講堂のライブで鮮烈な再出発

「4月の良く晴れた日の午後、久保講堂周辺は異様な熱気が漂っていた。いたるところ髪の毛を逆立てメイクを施した若者で溢（あふ）れかえっていた」

音楽制作会社「オフィスオーガスタ」の設立者、森川欣信（もりかわよしのぶ）（1952〜）は、2005年発売のRCサクセションのライブアルバム『RHAPSODY NAKED』のライナーノーツでこう書いている。

森川は高校生だった1969年8月、渋谷公会堂で行われたアマチュアコンテストでRCサクセションを見ている。彼らが不遇だった70年代を知る数少ない一人だ。「連野城太郎」のペンネームで出した書籍『GOTTA！忌野清志郎』（89年）には、77年の公演を見た時の感想を「RCが死にかけている」と書いている。

RCサクセションは70年にアコースティックな

RCサクセションのシングル
「雨あがりの夜空に」

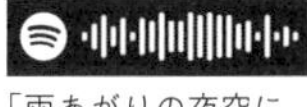
「雨あがりの夜空に—Live」

フォークトリオとしてデビュー、72年に出た3枚目のシングル「僕の好きな先生」は、ユーモラスな曲調と自分の高校時代の美術の教師を歌った微笑ましい詞で評判になり、彼らの代表曲となった。ただ、そういう編成になったのは、忌野清志郎（1951〜2009）が求めていたR&B的な重いビートを叩けるドラマーが周りにいなかったからでもあった。

オーティス・レディングやサム・クックなど忌野が敬愛していたR&Bやソウルミュージックは、情報も少ないマニアックな音楽だった。彼は、左手でマイクを持つスタイルを当時、雑誌に載っていたオーティス・レディングがそうだったからと話していた。でも、彼が見たその写真は、編集部が間違って裏焼きしたものだったと、かなり後になって知ったというエピソードもある。

ファーストアルバム『初期のRCサクセション』は、彼らの知らないところで曲に手が加えられていた。しかも事務所の独立問題に巻き込まれ、75年に制作された3枚目のアルバム『シングルマン』は翌76年に発売されたものの、すぐに廃盤になるという不遇をかこっていた。森川が見た77年はどん底のような時期だった。

復活したのは解散したフォークデュオ、「古井戸」のギタリスト仲井戸麗市（なかいどれいち）らの参加で78年に5人編成のロックバンドになってからだ。80年1月に出た「雨あがりの夜空に」と、ライブハウスでの鬼気迫る熱演がうわさとなる中で迎えたのが、4月5日、東京・霞が関にあった収容人数約千名の小ホール、久保講堂だ。再出発をレーベルの担当ディレクターとして支えたのが森川だった。

この日のライブは同年にアルバム『ＲＨＡＰＳＯＤＹ』として発売された。ただ、客席の歓声やメンバーのＭＣはありながら、ライブ盤とは銘打たれておらず、筆者は客席にいた一人としてどこかもどかしさを感じていた。

新生ＲＣサクセションをどう伝えるか。

通常のスタジオ盤では飛び散る汗や熱気などのエネルギーは伝わらない。ライブハウスをスタジオに見立ててレコーディングして、そこに手を加えてさらに質の高いものにする。それが当時発売されたものだった。

『ＲＨＡＰＳＯＤＹ ＮＡＫＥＤ』はそうした事後処理を一切しない、ノーカットの18曲。ありのままをパッケージにしたものだ。森川は、保存されていたマスターテープを改めて聴いた時のことを「一瞬にして鳥肌が立った。それは紛れもなく25年前に聴いたあの久保講堂のオリジナル音源だった」と書いている。

挫折や混迷を吹き飛ばす歌と演奏の怒濤のエネルギー。生々しいドキュメンタリーのようなライブ盤。２０２１年6月発売の30周年記念盤『RHAPSODY NAKED Deluxe Edition』が秘蔵音源とともに、当時の彼らの知られざる全貌を明かしてくれている。

「俺はフォークじゃない」アメリカでレコーディング、吉田拓郎の挑戦

「いつか夜の雨が」

1970年代は、音楽が音楽として語られることの少ない時代だった。特に70年代前半はそんな傾向が著しかった。

その頃のテレビやラジオなどが扱った日本の流行音楽をカテゴリー分けすると〝歌謡曲・演歌・アイドル〟くらいだろう。そこに入らないエレキギターを使ったバンドサウンドは〝GS〟、生ギターを使った弾き語りはフォーク、と一様に括られていた。もちろんジャズやカントリー、シャンソンなどの洋楽はあったものの、そうしたジャンルにおけるオリジナルの日本語楽曲は圧倒的に少数だった。

そんな時代の〝被害者〟の一人が吉田拓郎ではないだろうか。いまだに彼を語る時〝70年代フォーク〟という言葉がついて回るのもそんな例だ。

彼がアマチュア時代にR&Bのバンドを組み、米軍岩国基地で米兵を相手に英語の曲を歌っていたことはどれくらい知られているだろう。その時のバンド、「ダウンタウンズ」はヤマハ・ライトミュージック・コンテストの中国地区代表で、全国大会にも出ている。バンドは賞

に漏れたがドラマーの小松則男はベストドラマーに選ばれている。そのバンドで渡辺プロにデモテープを持ち込んだもののデビューは叶わず解散。プロになることを諦めた彼がなかば遊びで広島のアマチュアのフォーク団体を集めたのが広島フォーク村だ。本当にやりたかった音楽ではなかった。「俺はフォークじゃない」と言い続けているのも、そんな過去があればこそだ。

彼が80年代の幕開けにロサンゼルスでの初の海外録音で作ったのが、5月発売のアルバム『Shangri-la』だった。

プロデューサーに起用されたのは、「ドック・オブ・ザ・ベイ」の大ヒットで知られるソウルシンガー、オーティス・レディングなどのバックを務め、インスツルメンタル曲「グリーン・オニオン」のヒットもあるR&Bグループ「ブッカー・T&ザ・MG's」のリーダー、ブッカー・T・ジョーンズ。スタジオは「ザ・バンド」の解散コンサートを収めた映画『ラスト・ワルツ』にも登場する「Shangri-la」。参加ミュージシャンの中には、元ザ・バンドのキーボード奏者、ガース・ハドソンもいた。

70年代の吉田拓郎が残したいくつもの「伝説」の一つに、拓郎と「かぐや姫」による「つま恋」(静岡県掛川市)のオールナイトコンサートがある。75年8月に、6万5千人以上ともいわれる観客を集め、日本の野外イベントの原型となった。ただ、その前年に、ザ・バンドをバックに東京競馬場で観客8万人を想定した企画があったことを知る人は少ない。直前になって彼らがボブ・ディランのツアーに起用され、幻となった。

アルバム『Shangri-la』は、そのザ・バンドゆかりのスタジオでのレコーディング。日本からミュージシャンは同行せず、やはりロスは初めてだった作詞家の岡本おさみ（1942〜2015）が現地で詞を書くという冒険的な試みで生まれた。発売に先駆けての80年4月からのツアーは「もう古い歌は歌わない」という大みそかでの言葉どおり、新曲や未発表曲ばかりだった。

80年夏にシングルチャート1位となったのが、6月に出た長渕剛（1956〜）の「順子」だったことに触れなければいけない。79年11月に出た2枚目のアルバム『逆流』からファンの要望に応える形でのシングルカットだ。

80年代の幕開けの拓郎の挑戦と長渕の成功。長渕剛は、79年7月に拓郎が愛知・三河湾の離島、篠島（しのじま）で行ったオールナイト・イベント「アイランドコンサート・イン・篠島」に出演した。アルバム『逆流』収録のタイトル曲「逆流」は、そのコンサートで熱狂的な拓郎ファンから「帰れ！」と罵声を浴びながら「俺は帰らんぞ！」と予定曲を歌い切った経験から生まれたものだった。

意外にも共通点が多い「ある種の同志」

浜田省吾と山下達郎

浜田省吾
「終りなき疾走」

山下達郎が、浜田省吾（1952〜）が在籍していたバンド「AIDO」のデビュー曲「二人の夏」を「ある種の同志」の曲と紹介して歌ったのは1994年、シュガー・ベイブ時代を振り返ったツアーでのことだった。

浜田と山下は、同じようなキャリアを重ねているまれな関係といっていい。

それぞれの始まりだったバンド、AIDOとシュガー・ベイブのデビューは75年の5月と4月。ともに思うような結果を残せないまま、浜田はバンドを抜け、76年4月にシングル「路地裏の少年」、アルバム『生まれたところを遠く離れて』でソロデビュー。同じ頃にバンドを解散した山下は、ニューヨークとロサンゼルスで録音したアルバム『サーカスタウン』をやはり同年12月に発表、ソロとして歩き出した。

浜田も山下もドラムをたたいていたことがある。「ビーチ・ボーイズ」に代表される60年代のアメリカンポップスへの傾倒。そうした2人の幾つかの共通点の中に70年代の不遇もあった。マネジャーも付かずにギタリストの町支寛二（1952〜）と2人で地方公演を行っていた浜田が自分のバンドを持ったのと、山下が初めてツアーと銘打った公演を行うことができたのが同じ79年。テレビの歌番組とは一線を引いてコンサートツアー主体、というその後の二人の音楽活動も「同志的要因」だろう。

　80年に新しい活動の幕が開いたという意味でも共通している。先陣を切ったのが80年5月に出て初のトップ3入りとなった山下のシングル「RIDE ON TIME」だった。彼は、2012年のベストアルバム『OPUS ALL TIME BEST 1975-2012』の解説にこう書いた。

「シュガー・ベイブでデビューして5年、ようやく出たシングルヒット。80年代に入り、スタジオミュージシャンではない自前のリズムセクションを持てたことが、サウンドの個性化につながった」

　電気メーカー、マクセルが力を入れていたカセットテープのCMソングは、ウォークマン時代の必需品だった。いきなり「青い水平線〜」と爽快に突き抜けてゆく始まりとともに、80年代の新しい青春を予感させた。その後の〝夏だ、海だ、タツローだ！〟というイメージの端緒だったことはいうまでもない。

　80年夏、浜田は初めてロサンゼルスでレコーディングを行った。メンバーは「TOTO」のギタリスト、スティーブ・ルカサーら西海岸の一流ミュージシャン。現地で詞を書いたアルバム『Home Bound』の1曲目「終りなき疾走」では「金で買えないもの」を「もう一度見つけたい」と歌っていた。〝ヒットチャート〟を意識した〝売れる音楽〟ではなく〝やりたかった音楽〟。15歳の時、楽器店に飾ってあったギターを見た時に全身に走った稲妻のような初期衝動に立ち返る、いわば「第二のデビューアルバム」の収録が終了したのは9月4日だ。

山下が初めてアルバムチャート1位を記録した『RIDE ON TIME』が発売されたのは、その約2週間後だった。

YMOの異様な熱気
海外で火がついたピコピコサウンド

「NICE AGE」

熱狂は異様だった――。ノンフィクション作家の門間雄介（もんまゆうすけ）は著書『細野晴臣と彼らの時代』（2020年）の中で1980年の「イエロー・マジック・オーケストラ（YMO）」についてそう書いている。

80年6月に出た4枚目のアルバム『増殖』は同16日付のアルバムチャートで1位。3位には2枚目の『ソリッド・ステイト・サヴァイヴァー』、13位に3枚目のライブ盤『パブリック・プレッシャー』、20位には78年発表のデビュー作『イエロー・マジック・オーケストラ』が入っていた。

ＹＭＯは、日本語ロックの元祖、はっぴいえんどのリーダーでベーシストの細野晴臣（1947〜）、元「サディスティック・ミカ・バンド」のドラマー高橋幸宏（1952〜2023）と東京藝術大出身のキーボーディスト坂本龍一（1952〜2023）の3人組。シンセサイザーサウンドとディスコミュージックの融合という細野のコンセプトに賛同したのが高橋で、ちゅうちょする坂本を細野が「僕を踏み台にして世界へ出ていかないか」（同書より）と説得、78年に結成された。

ＹＭＯには従来のバンドにない「発想の転換」があった。海外のエンターテインメントの世界では〝格下〟だった黄色人種を旗印にしたバンド名のエキゾチシズム、ロックとは相いれないと思われていたデジタルの無機質なビートと、肉体そのもののようなダンスミュージックの融合である。

ただ、1枚目のアルバムの国内出荷枚数は3千枚にも満たなかった。日本のメディアは、アルバムでも使われていたテレビゲームの〝ピコピコ〟とした電子音をもじって〝ピコピコサウンド〟とやゆしていた。つまり子ども向けだと思っていたのである。

YMOのアルバム
『増殖』

変化は海の向こうからやって来た。最先端のテクノポップとして聴かれた。1枚目のアルバムは全米で発売された。79年10月から3週間のワールドツアーの盛り上がりが伝えられ、日本での人気に火が付いた。長髪だった3人がもみあげをそり、後頭部を刈り上げた髪形はのちに〝テクノカット〟と呼ばれて流行、ファッションリーダーにもなった。

80年10月からの2度目のワールドツアーは衛星中継され、年末の武道館は4日間公演。山口百恵の引退ブームなどに沸く中で、同年の年間アーティスト売り上げの総合1位を獲得した。

3人ですら予想もしていなかった成功がもたらしたのは、異様な熱狂の反動であった。門間はこうつづっている。「バンドには深い亀裂が入り、彼らは一体感を失っていた」。82年、YMOは活動休止状態に入った。

「コミックバンド」からの脱皮
サザンオールスターズの1980年

「涙のアベニュー」

1980年がその後のキャリアの重要な起点になったという意味では、同年3月に3枚目のアルバム『タイニイ・バブルス』を発表したサザンオールスターズもそうだ。

80年代と70年代の大きな違いに、テレビの存在があった。

もちろん、それまでもテレビがヒットを生むという構造は厳然とあった。ただ、それは歌謡曲というジャンルに限定されていた。シンガー・ソングライターやロックバンドはテレビに出ないということが不文律のように定着していた。

もし78年にデビューしたサザンがその年に始まった番組「ザ・ベストテン」の「今週のスポットライト」のコーナーに出ていなかったら、彼らのイメージはどうなっていただろうと思う。

いつの時代も「聴いたことのない音楽」は「変なもの」に誤解される宿命とともにある。

ロックバンドとは思えない短パンにタンクトップといういでたちと、ロックもラテンものみ込んだ破天荒なデビュー曲「勝手にシンドバッド」。「何だこれ」という衝撃はすぐに「コミックバンド」というレッテルと引き換えになった。

筆者が初めて桑田佳祐（1956〜）を取材したのは、デビュー直後に行われた東京タワー展望台での「ダディ竹千代&東京おとぼけCats」との対バンの前の2人の対談の時だ。掲載された雑誌は「平凡パンチ」。扱いは紛れもなく「コミックバンド」だった。

彼らがそのイメージを払拭（ふっしょく）したのが79年の3枚目のシングル「いとしのエリー」だった。

1枚目の「勝手にシンドバッド」や、2枚目の「気分しだいで責めないで」の型破りな破天荒さとは一変した、洋楽のようなバラードのラブソングに、定着しつつあった「コミカル」とは違う彼らの音楽的素顔を見た気がした。同曲を収録した2枚目のアルバム『10ナンバーズ・からっと』は、日本レコード大賞の「ベストアルバム賞」に選ばれている。

80年代をどう始めるか。彼らの選択は、テレビなどメディア出演を半年間休止することと、レコーディングへの専念だった。

そこで生まれた曲を鮮度が落ちないままに連続で発売してゆく「ファイブロックショー」という企画を敢行した。2月の「涙のアベニュー」から7月の「わすれじのレイド・バック」まで5枚。それらのシングルがセールス的にそれまでの作品ほど振るわなかったものの、期間中に出たアルバム『タイニイ・バブルス』は、初めての1位を獲得した。

アルバムアーティストへの脱皮と証明。以降、今に至るまでサザン名義のアルバムは出るたびにヒットチャートを席巻し続けている。

「こっち側」にはまだ高かったレコ大の壁
五輪真弓「恋人よ」

「恋人よ」

1970年代の話をする時に僕らが使っていたのが〝あっち側・こっち側〟という言葉だ。〝あっち〟というのはそれまでの芸能界や歌謡界で〝こっち〟というのはフォークやロック、ニューミュージックという分け方である。

80年代を境に変わったのは音楽の流れだけではない。前節で触れたようにメディアの側もそういう転機を迎えていた。

78年1月に始まった音楽番組「ザ・ベストテン」がその最たる例だ。

テレビに出ないことが当たり前の〝こっち側〟のアーティストやロックバンドが主流になるにつれ、〝あっち側〟に依拠しただけでは番組が成立しにくくなっていた。「出ない」と公言している人たちをどうやって出演させるか。司会の久米宏と黒柳徹子が番組中に彼らに向かって「お願い」する「ザ・ベストテン」の姿勢はそれまでの音楽番組では考えられなかった。

1959年に始まり70年代には「紅白歌合戦」と並んで年末の国民的音楽イベントになっていた「日本レコード大賞」もそんな変化の時を迎えていた。シングルより重視されるようになったアルバムを評価することを目的としたベストアルバム賞が新設されたのが、1979年だった。

〝こっち側〟と〝あっち側〟の垣根がなくなってゆく。80年の「レコ大」はその舞台になるかに見えた。名乗りをあげたのが8月に「恋人よ」を発表した五輪真弓（1951〜）だ。

五輪のデビューは72年。全米チャートを席巻していたシンガー・ソングライター、キャロル・キングが参加したシングル「少女」と同時発売された同名のアルバムはロサンゼルス録音。しかも、自分のレーベル「UMI」からの発売は画期的だった。

彼女の活動が例を見なかったのは、海外に目を向けていたことにある。70年代の後半はフランスのパリやロサンゼルスに長期滞在しつつ、東京と行き来しながらアルバム制作を続けていた。「恋人よ」は、そうした活動の中で再認識するようになった日本の歌謡曲の良さを意識して書かれた曲だった。

この年のレコ大は「五八戦争」として語られている。〝八〟は大賞曲「雨の慕情」を歌った八代亜紀。〝五〟は五輪ではなく「ふたりの夜明け」の五木ひろし。「恋人よ」は金賞の10曲には入ったものの賞レースでの〝あっち側〟の壁はまだ高かった。

それでも「恋人よ」は、12月のシングルチャートで1位を3週続け、アジアで最も知られている日本の曲の一つとなった。香港のサッカー場で日本人アーティスト初となる彼女の野外コンサートが行われたのは82年2月だった。

流行先取り、夏はサーフィン、冬はスキー
松任谷由実のコンセプト・アルバム『SURF & SNOW』

「まぶしい草野球」

自分の音楽活動の中で「リゾート」という言葉を意識的に使った最初の女性アーティストが、

松任谷由実のアルバム
『SURF & SNOW』

松任谷由実ではないだろうか。

夏はサーフィン、冬はスキーというリゾート型スポーツを若者たちに紹介した先駆けは1961年に始まった加山雄三（1937〜）の人気映画『若大将』シリーズだろう。ただ、そこで描かれた世界は、当時の若者たちにとってまだ容易に手の届かない「銀幕の中の夢の世界」でもあった。

松任谷の曲には75年の「コバルトアワー」の歌詞に「SHONAN-BOY」、76年の「天気雨」では「茅ケ崎」「相模線」、サーフショップの先駆け「ゴッデス」なども登場する。サザンオールスターズはまだデビューしていない。

「海」や「砂浜」が定番のシチュエーションになっている加山雄三の「湘南」を歌った代表曲「湘南ひき潮」が発表されたのは78年。作詞家、松本隆が全曲を書いたアルバム『加山雄三通り』の中に収められている。ユーミンの「SHONAN」はそれより早かったことになる。

タイトルが来るべき80年代を予感させた松任谷由実の78年のアルバム『流線形'80』には、「ロッジで待つクリスマス」や「真冬のサーファー」も入っていた。神奈川県葉山町のヨットハーバー「葉山マリーナ」で「サマー・リゾートコンサート」を行ったのは78年8月だ。その後、「SURF & SNOW in Zushi Marina」とタイトルと場所を変えて行われた夏のリゾートライブは2年に一度開催されて、2004年まで続いた。

そうした曲の世界や自身の活動を1枚のアルバムに集約したのが80年12月に出た『SURF&SNOW』だった。若々しい青春感は、同年6月に出た、実在するロンドンの老舗ホテルを舞台にしたストーリー性豊かなアルバム『時のないホテル』の重厚さと対照的だった。

彼女は『SURF&SNOW』について、91年の雑誌「月刊カドカワ」のインタビューで「思いっきりポップなリゾート・アルバムを作ろうとした超コンセプト・アルバム」と話している。

アナログ盤のA面がサマーソング、B面がウィンターソングと分けられ、シングルカットもないコンセプトアルバムがその後の活動の一つの柱になった。81年3月に始まった、彼女の新潟県、苗場スキー場での「SURF & SNOW in Naeba」は2023年に43回目を迎えた。身近になったリゾート、そして流行の先取り。彼女の歌が80年代を作ってゆく。

アルバムの中の曲「サーフ天国、スキー天国」と「恋人がサンタクロース」が使われた原田知世が主演した映画『私をスキーに連れてって』（原作・ホイチョイ・プロダクション）が爆発的にヒットして社会現象になるのは87年のことだった。

ジョンが亡くなった場所へ
小室等、吉田拓郎、井上陽水の「ニューヨーク24時間漂流コンサート」

小室等
「N.Y.City,Do You Remember Me?」
（『目撃者（Eyewitness）』より）

1980年12月8日といわれてジョン・レノン（1940〜1980）を思い浮かべる人は、もはやかなり上の年齢になるかもしれない。

彼は、アメリカ・ニューヨークの現地時間12月8日午後10時50分、自宅のあるマンハッタンの高級アパート「ダコタハウス」の前でファンを名乗る男にピストルで撃たれ、40歳の生涯を終えた。

筆者がジョンの死を知ったのは12月8、9日に行われた甲斐バンドの武道館公演の開演前だった。隣の席の関係者に教えられ、何が起きたのか理解できないままにライブが始まった。アンコールの最後に甲斐よしひろが感情を抑えるように「逝ってしまったジョン・レノンのために」と言って「100万$ナイト」を歌うのを聴いて現実なんだと思った。

ブロードウェイミュージカルやジャズ。ニューヨークがエンターテインメントの本場であることは、それ以前から変わらない。でも、その日から世界の「ビートルズ」ファンだけにとどまらず、音楽ファンにとって聖地のような特別な街となった。

小室等（1943〜）、吉田拓郎、井上陽水の3人がラジオ番組の収録のためにニューヨークに向かったのは81年4月だ。

番組は「ニューヨーク24時間漂流コンサート」。TBSラジオの開局30周年に向けた特別番組だった。日本のビートルズ・チルドレンがマンハッタンの各所を24時間「漂流」するようにストリートで歌うというドキュメンタリーの提案と企画・構成は筆者だ。ともかくジョンが命を落とした場所を訪れたかった。企画に賛同した3人も同じ思いを口にしていた。

とはいえ、24時間を歌い通したのは小室等だけで、拓郎と陽水は気の向いた所で歌うというスタイル。ダコタハウスを望む一角に作られたジョン・レノン記念スペース、ストロベリーフィールズのベンチに座ってビートルズの曲を歌っている3人の目の前を散歩中のオノ・ヨーコが通り過ぎ、全員が言葉を失うというハプニングもあった。

小室等がセントラルパークで朝6時から歌った14ヵ所には、現地でデビューしていた日本のブルースシンガー、大木トオル（1947〜）が案内してくれたハーレムや、ジャンキーがたむろするイーストビレッジがあった。国連前では、反戦歌「花はどこへ行った」の作者、ピート・シーガーのインタビューを行った。

小室等のアルバム
『小室等・ニューヨーク24時間漂流コンサート』

ボブ・ディランがデビュー前から歌っていたライブハウス「フォークシティー」での演奏は、ハイライトの一つだった。そこでプロテストフォークのオデッタと遭遇し、小室は彼女の代表曲「勝利を我らに」を一緒に歌い、拓郎も同じステージでディランの「風に吹かれて」を一人で歌った。そんな24時間はフォーライフレコードから2枚組みドキュメンタリーアルバム『小室等・ニューヨーク24時間漂流コンサート』として発売された。

80年代の音楽シーンにとって、ニューヨークは重要な舞台になった。

甲斐バンドがアルバムのレコーディングのために向かうのは82年の秋だった。

ズックからスニーカーへ
近藤真彦、デビュー曲が初登場で1位

1980年の締めくくりである12月最後の2週と81年最初の2週のシングルチャート1位は、近藤真彦（1964〜）のデビュー曲「スニーカーぶる〜す」だった。

作詞・松本隆、作曲・筒美京平（1940〜2020）。2人のコンビでの1位は、松本隆にとっての初のシングル1位曲、桑名正博の「セクシャルバイオレットNo.1」（79年）以来2

作目だった。

松本隆は、前述した拙著『風街とデラシネ　作詞家・松本隆の50年』（2021年）の取材で、近藤真彦についてこう言った。

「茶の間で娘と夕飯を食べる時にたまたま『3年B組金八先生』が流れていて、こいつかっこいいなと思ったら仕事が来た」

「スニーカーぶる〜す」を聴いた時、やはり松本隆作詞の77年の原田真二のデビュー曲「てぃーんず ぶるーす」を連想した人も多かったはずだ。なぜなら、歌詞の中に「ズック」が登場するからだ。

77年の「ズック」から80年の「スニーカー」へ。松本はその取材で「後になって知るんだけど、ジャニー（喜多川）さんが『てぃーんず ぶるーす』が好きで、『なんとかブルースにしてくれ』と言ったらしい。僕はそんなこと知らなかったけど、あの歌の世界をやろうと思った」と話していた。

いつの時代の青春も舞台は学園にある。

60年代の学園ドラマは、敗戦から復興した日本の未来を思わせる希望に満ちていた。学園闘争が全国に波及した70年代は、思索的で時に苦悩とともにあった。

80年代前半は〝荒れる学校〟が叫ばれ、「校内暴力」が社会問題化した時代だ。警察白書によると「校内暴力」による摘発・補導人数が1万人を超えたのが81年。その多くを中学生が占めた。

武田鉄矢（1949〜）演じる熱血中学教師が大反響を呼んだ「3年B組金八先生」の第1シリーズが放送されたのは79年10月から80年3月。64年生まれの近藤真彦は、やはり主演していた田原俊彦（1961〜）、野村義男（1964〜）とともに「たのきんトリオ」としてジャニーズ事務所の新しい顔になった。

「スニーカーぶる〜す」は近藤のデビュー曲にして初登場1位になった。81年の年間チャートでも3位。1位は松本隆作詞の寺尾聰（1947〜）の「ルビーの指環」である。松本隆の快進撃が始まっていた。

近藤真彦の1歳下の尾崎豊（1965〜）が高校を停学中に衝撃的に登場するのは83年12月だった。

1981年

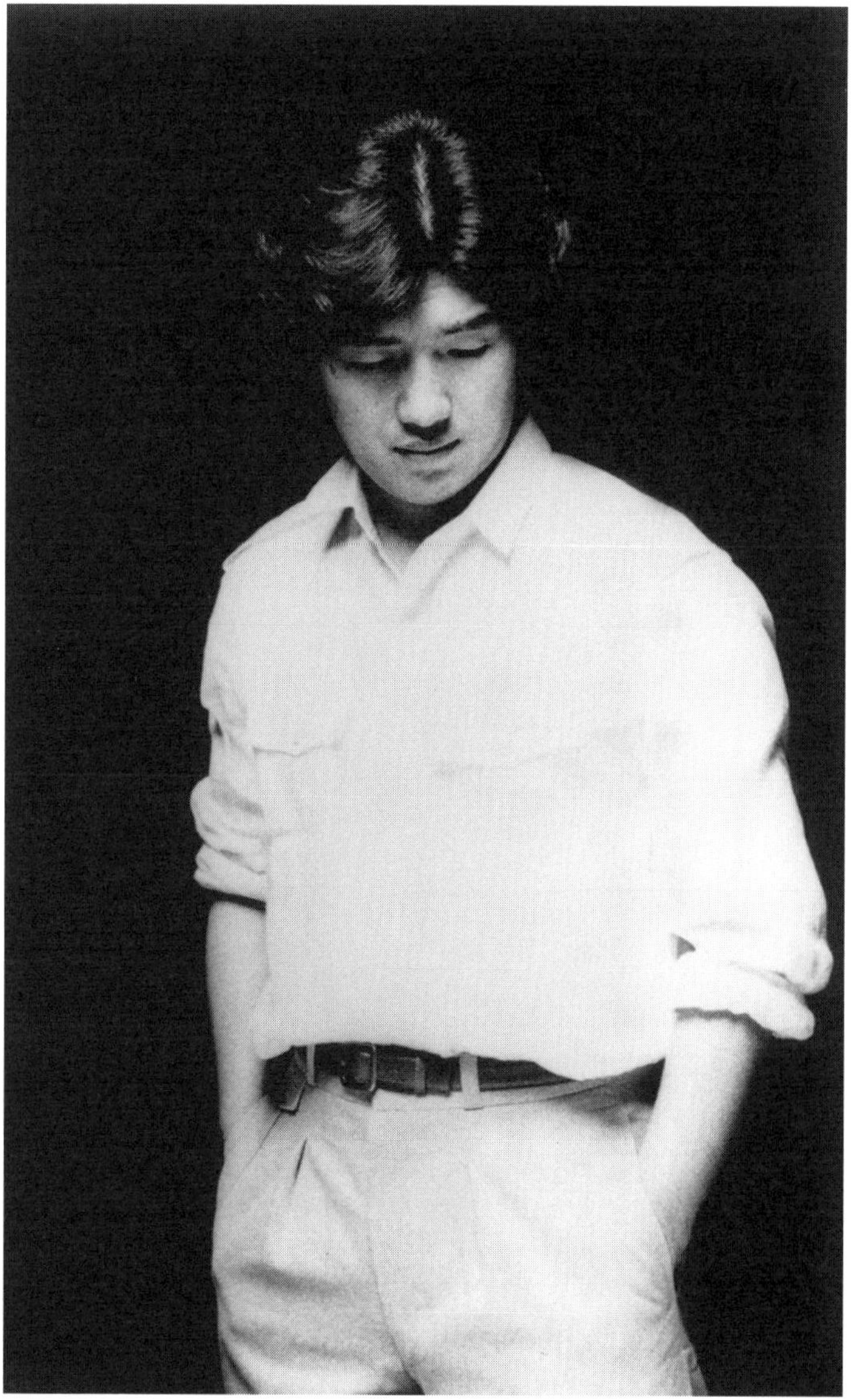

『A LONG VACATION』を発表したころの大滝詠一
写真提供：ザ・ナイアガラ・エンタープライズ

松本隆が描いた「大人の失恋」の歴史的ヒット
寺尾聰の「ルビーの指環」

「ルビーの指環」

「作詞家・松本隆」を知ったのは何年でしたか。

そんな質問の答えで最も多いのが「1981年」ではないだろうか。81年2月に発売された「ルビーの指環」は3月から6月まで10週間1位を続けた。作詞はもちろん松本。作曲と歌が寺尾聰。音楽番組「ザ・ベストテン」では12週連続1位という記録的なヒットになった。

すでに触れたように80年代は、70年代に思うような結果を得られなかった人たちが脚光を浴びることで始まった。

寺尾も音楽の才能を評価される機会を失っていた一人だ。劇団民藝の創設者であり個性派の名優として知られた宇野重吉の長男に生まれ、演劇ではなく音楽に傾倒し66年にグループサウンズ（GS）「ザ・サベージ」のベーシスト、ボーカルとしてデビューした。その後、68年に映画『黒部の太陽』に出たことから俳優に転向していた。シンガー・ソングライターとして本格的に音楽に復帰したのは、『黒部の太陽』を制作した石原プロモーションの若手として刑事ドラマで人気になった後の80年からだ。

松本は寺尾について、筆者の取材でこう言った。

「高校の時にテレビの『勝ち抜きエレキ合戦』でサベージが優勝するのを見て、かっこいいなあとちょっと憧れていた」

GSブームは、ビートルズや「ローリング・ストーンズ」などに触発されて生まれた、日本で最初のバンドブームを言う。68年に社会現象となったが、そこがピークで、歌謡曲的な画一化とマンネリ化で失速。翌年には見る影もなくなっていた。

そんな中、70年に松本らのバンド、はっぴいえんどが活動を開始した。日本語でロックは無理といわれていた時代に文学的なフレーズや話し言葉などを使い、代表曲は職業作家が書いていたGSとは違う日本語のロックを作り上げた。

71年の2枚目のアルバム『風街ろまん』は日本語ロックの金字塔だ。「風街」という言葉は、ドラマーで作詞を担った松本の代名詞のようにもなっている。「ルビーの指環」の冒頭の「くもり硝子（ガラス）」と「風の街」という描写は松本ならではだった。

49年生まれの松本は当時、31歳。「ルビーの指環」で描いたのは、20代前半では書けなかった大人の失恋だ。ヒットチャートには10代向けの曲が多かった当時、

寺尾聰のシングル
「ルビーの指環」

もう若くはない男の哀愁漂う都会的ダンディズムの歌として歴史的なヒットになった。同曲の入った寺尾聰のアルバム『リフレクションズ』は81年の年間チャート1位。2位は3月に出た大滝詠一の『A LONG VACATION』だった。

時代を超えるポップスの金字塔『ロンバケ』

大滝詠一と松本隆の才能がついに結実

「カナリア諸島にて」

松本隆がそうであるように「大滝詠一」という名前を知ったのも80年代になってからという人が多いのではないだろうか。具体的に言えば、81年3月に出たアルバム『A LONG VACATION』、通称「ロンバケ」で、ということになる。

大滝は、元はっぴいえんどのボーカル、ギター。ベース、ボーカルの細野晴臣やギター、ボーカルの鈴木茂（1951〜）ともども作曲を担当。大半の詞を書いたのがドラムの松本である。実質2年半の活動でオリジナルアルバム3枚を残して解散。4人は別々の道を歩き出した。

大滝は、自身のレーベル「ナイアガラ」を拠点にソロ活動。75年にはそこから山下達郎、大貫妙子（1953〜）らのバンド、シュガー・ベイブをデビューさせ、76年に山下達郎と伊藤銀次（1950〜）の3人でアルバム『ナイアガラ トライアングルVOL．1』も発売している。大阪でバンド活動をしていた伊藤銀次に上京を勧めたのが大滝だった。大滝とシュガー・ベイブの関係は、伊藤が高円寺のライブハウスで販売していた山下達郎の百枚限定の自主制作アルバム『ADD SOME MUSIC TO YOUR DAY』を見つけて大滝に聴かせたことに端を発している。伊藤も山下も直系の「大滝門下生」だった。蛇足ながら、筆者が四谷のロック喫茶で購入した同アルバムの手書きのシリアルナンバーは〝77〟だ。

ナイアガラレーベルから出された大滝のソロアルバムは、はっぴいえんどと違い中南米由来のリズムやアメリカのルーツミュージック、和風の音頭に至るまで遊び心にあふれ、音も曲も言葉も趣味に徹したような音楽だった。大滝の自著『大瀧詠一 -Writing & Talking』（2015年）の中の言葉を借りれば、はっぴいえんどの湿り気や、松本の世界観の「否定」でもあった。ただ、そうした音楽が商業的な成功を得たとは到底言えなかった。彼もまた70年代に苦戦していた一人だった。

アルバム『A LONG VACATION』の曲はそれまでに大滝が書いて日の目を見なかったCMソングが原型になっている。70年代を清算し新しい舞台に

大滝詠一のアルバム
『A LONG VACATION』

向かうためのアルバムであり、はっぴいえんど解散以来の松本とのコンビはそのための最強の選択だった。大滝はやはり同書で、松本に渡したアルバムの曲で最初に詞がついた「カナリア諸島にて」を電話で聞かされた時に「身体がブルブル震えるような手応え」があったと話している。

アルバムの当初の発売予定日は、80年7月28日、大滝詠一の誕生日。それが叶わなかったのは、松本の妹が亡くなり、彼が「失語症」のような状態になったからだ。

松本は、自選のCDボックス『風街図鑑』の全曲解説で「大滝さんからの仕事も一旦辞退したんだけれども、彼が『どうしても詞は松本じゃなきゃ駄目だから、発売日を延ばす』とまで言ってくれたんで書くことにした」と記している。

大滝詠一の50〜60年代アメリカンポップスの集大成のようなメロディーと、風通しのいい松本隆の言葉が、時代を超えたポップスの金字塔になった。

若かった頃には商業的な成功に至らなかった2人の才能がついに結実したアルバムは年間チャート2位。2021年の3月に出た40周年記念盤は、アルバムチャート1位を記録した。40年後の再発盤が当時の記録を凌ぐこと自体が、前代未聞ではないだろうか。

松本隆と南佳孝、ヒットへの長い伏線

「スローなブギにしてくれ」秘話

「スローなブギにしてくれ(I want you)」

「スニーカーぶる～す」や「ルビーの指環」ほどの大ヒットにはならなかったものの、1981年1月発売、南佳孝(1950～)の「スローなブギにしてくれ(I want you)」も触れておきたい曲だ。作詞は松本隆、作曲は南。原作が片岡義男の同名の角川映画の主題歌としてヒットし、南の代表曲になった。

松本に作詞家デビュー45周年のTOKYO FMの特番「JAPANESE POPS REFRAIN 1945-2015～作詞家・松本隆の45年～」(2016年、民間放送連盟賞 優秀賞受賞)でインタビューした際、こんな質問をした。

「作詞家になる決定的な要因は何でしたか」

答えはこうだった。

「プロデューサーでは生活できなかったから」

はっぴいえんどのドラマー兼作詞担当だった松本は、バンド解散後すぐに作詞家に専念したわけではない。

73年9月21日に文京公会堂で行われたはっぴいえんど解散コンサートは、メンバー4人各自が手がけるアーティストを紹介するという、今後どんな道を歩いてゆくかの「お披露目の場」でもあった。

松本はプロデューサーとしてデビューさせた南を紹介し、さらに鈴木慶一（1951～）が加わる前の「ムーンライダーズ」のプロデューサー兼ドラマーとして演奏もしている。細野晴臣がプロデュースしたのが吉田美奈子（1953～）と西岡恭蔵（1948～1999）。大滝詠一はシュガー・ベイブをコーラスにした伊藤銀次のバンド「ココナツ・バンク」だった。

そのライブ当日は松本がプロデュースして大半の作詞もした南のファーストアルバム『摩天楼のヒロイン』の発売日でもあった。松本はその後、74年にあがた森魚（1948～）の『噫無情』（レ・ミゼラブル）、はっぴいえんどがデビュー時にバックバンドを担当していた岡林信康（1946～）の『金色のライオン』と3枚のアルバムをプロデュースしている。ただ、どれも商業的には不振で、さらにはっぴいえんどの事務所「風都市」が消滅するという事情もあり、松本は作詞家としても活動するようになった。その道を拓いたのが73年10月に出た「チューリップ」の4枚目のシングル「夏色のおもいで」のヒットだった。

『摩天楼のヒロイン』は、はっぴいえんどにはなかった〝ハードボイルド〟をテーマにした『風街ろまん』のアナザーサイドのような「街」のアルバムだった。ジャズをやろうとしていた南にとってやりたかった音楽ではなかったと言っていいだろう。アルバム1枚で松本と袂を分かった南が都会的で洗練された「シティポップ」を旗印にシンガー・ソングライターとして脚光を浴びるようになるのは、76年の「忘れられた夏」からだ。

そんな作詞作曲のコンビが79年のアルバム『SPEAK LOW』で全面復活し「スローなブギにしてくれ」につながってゆく。70年代に「読んでから見るか、見てから読むか。」のキャッチフレーズで映画界に旋風を巻き起こした角川春樹が、アルバム『摩天楼のヒロイン』を気に入っていたことから南の起用につながった。

物語の始まりはどこにあるか分からない。「スローなブギにしてくれ」は、そんな伏線があって生まれた曲だった。

松田聖子を〝永遠のアイドル〟にしたもの
音楽性と文学性

「白いパラソル」

もし、松田聖子が松本隆と組んでいなかったらどうなっていただろうか。もちろん、それなりにヒット曲は残していただろうし、歴史に残る存在にはなっていたに違いない。だが、「永遠のアイドル」と呼ばれる輝かしい軌跡は松本の存在なしでは考えられないように思う。

彼女の初のシングルチャート1位は1980年10月に出た「風は秋色」。そこから88年9月の「旅立ちはフリージア」まで続いた24曲連続1位のうち17曲までが松本の手による。アルバムでいえば81年から88年までの12枚のうち、松本が全曲の詞を書いているのが8枚。1曲だけ聖子自身が書いた83年の『ユートピア』を加えれば9枚。全作がチャートの1位を記録している。それだけの期間にこれだけの実績を残している作詞家と歌手の関係を他に知らない。

その始まりのシングルが81年7月に出た「白いパラソル」だった。作曲は財津和夫(1948〜)。松本の作詞家としての最初のヒットが73年、財津が結成したバンド、チューリップの「夏色のおもいで」だった。

聖子を発掘したCBS・ソニーのプロデューサー若松宗雄は、他のアイドルと違うオリジナリティーを出すための彼女のコンセプトを「音楽性と文学性」と言った。財津と松本のコンビはそれを形にするための組み合わせだった。若松は筆者の取材にこう言った。

「彼女は特に傑出した何かがあったわけではないけど、歌の表現力は優れていた。それを土台に歌謡曲とは違う音楽的な曲と文学的な詞があればというのが入り口です。財津さんはチューリップの時から好きでしたし、松本さんの才能は太田裕美で分かってましたからね」

聖子のための2人のコンビは、いきなりシングルからではなかった。81年5月に出たアルバム『SILHOUETTE〜シルエット〜』の中の「白い貝のブローチ」で手合わせを済ませている。試運転を経ての本格始動ということになる。

財津が書いたメロディーには、「青い珊瑚礁」（作詞・三浦徳子、作曲・小田裕一郎）のような水平線に突き抜けてゆくような若々しい明るさは強調されておらず、艶っぽい憂いも漂っている。たまたま聖子の喉の調子が悪くて高音が出ない。中音域で勝負するしかない中で書かれた曲だった。

若松は「白いパラソル」について「事務所の人にこんな地味な曲、売れないと言われた」と語った。「音楽性と文学性」というコンセプトをさらに推し進めたのが81年10月発売、大滝詠一作曲の「風立ちぬ」だった。

香り高き大人の「ヨーロッパ3部作」

1ドル225円時代、加藤和彦の海外滞在型レコーディング

「浮気なGigi ニューリマスターヴァージョン」

後に「名盤」と呼ばれるアルバムは必ずしも「売れた」アルバムとは限らない。その時代には誰も思いつかなかったりやれなかった「実験性」と「先取性」の産物。1979年から81年にかけて発売された加藤和彦（1947～2009）の『パパ・ヘミングウェイ』『うたかたのオペラ』『ベル・エキセントリック』もそんな例だ。

加藤和彦のアルバム
『ベル・エキセントリック』

加藤和彦が京都の学生だった時に雑誌「メンズクラブ」に〝メンバー募集〟の告知を出して結成したのが「ザ・フォーク・クルセダーズ」だ。当時、ビートルズが試みたばかりのテープの早回しを使った奇想天外な67年のデビュー曲「帰って来たヨッパライ」は爆発的な反響を呼んだ。オリジナルメンバーだった北山修（1946〜）に同じ京都の音楽仲間だったはしだのりひこ（1945〜2017）を加えて1年間の期間限定のプロ活動の末、68年12月に解散、ソロ活動に転じた。72年に結成したバンド、サディスティック・ミカ・バンドはヨーロッパで評価され、ビートルズのプロデューサー、クリス・トーマスを迎えた74年のアルバム『黒船』は海外盤も発売、ヨーロッパでツアーも行った。ドラムはその後、YMOに加わる高橋幸宏である。

サディスティック・ミカ・バンドは75年のヨーロッパツアーの後に解散。加藤は再びソロのシンガー・ソングライターとして活動するようになった。冒頭に挙げた彼のアルバムは今も「ヨーロッパ3部作」と呼ばれている海外録音のアルバムである。

加藤は自ら「完全に私小説」という76年のアルバム『それから先のことは…』で全曲の作詞を作詞家の安井かずみ（1939〜1994）に依頼、77年に結婚した。

『それから先のことは…』は、アラバマ州のスタジオ、マッスルショールズでリズム隊とホーンセクションを録音、フロリダ州マイアミのクライテリア・スタジオでストリングスを録音、トラックダウンをロサンゼルスで行うという「現地滞在型」。「ヨーロッパ3部作」は、さらにそうした作り方を徹底していた。

たとえば『パパ・ヘミングウェイ』（79年）は、加藤と安井が心酔していた作家、ヘミングウェイをモチーフにしたもので、訪れたのはゆかりの地であるバハマとフロリダ。スタジオはローリング・ストーンズが使ったバハマのコンパス・ポイントとボブ・マーリーやボブ・ディランで世界に知られるようになったクライテリア・スタジオだ。『うたかたのオペラ』（80年）はデヴィッド・ボウイやルー・リードが使ったベルリンのハンザ・バイ・ザ・ウォール・スタジオ、『ベル・エキセントリック』はパリ郊外のお城を改造したシャトゥ・スタジオだった。

2人は現地についての膨大な文献などの資料を持ち込みながら創作、高橋幸宏はじめ坂本龍一や矢野顕子（1955〜）、YMOのサポートメンバーのギタリスト、大村憲司（1949〜1998）らと合宿しながらレコーディング。『ベル・エキセントリック』にはワールドツアー中のYMOが全員で参加していた。

全3作の演奏に加わった高橋は拙著『永遠のザ・フォーク・クルセダーズ　若い加藤和彦のように』（2015年）の取材で、『パパ・ヘミングウェイ』の収録についてこう言った。

「トノバン（加藤）は昔からそうだけど、そういうコンセプトのアルバムを出すのなら『その場所に行かなくては駄目だ』と話してました。旅に行くことがコンセプトだったんです。でも、あの時から心はずっとヨーロッパでしたね」

バハマで録音された『パパ・ヘミングウェイ』がなぜ「ヨーロッパ3部作」なのか。アルバムの1曲目「スモールキャフェ」はバハマでできた最後の曲で、ヨーロッパの憂愁を漂わせたコンチネンタルタンゴだ。若き日のヘミングウェイはパリで過ごしている。1枚のアルバムをテーマ性やストーリー性に富んだものにするという作風も含めてあのアルバムから始まったことで、そう呼ばれている。

1ドル225円前後の、海外旅行にようやく手が届きそうになった時代に作られた薫り高き大人のロックアルバム。〝軽薄短小〟がもてはやされる中で最も売れたのは『うたかたのオペラ』。それでもアルバムチャート最高位10位。枚数は約6万枚（オリコン調べ）。他は推して知るべしだった。

「日本一のパンクバンドに」
国鉄の作業服を衣装にしたアナーキー

「ノット・サティスファイド」

筆者がパンクロックの勢いを実感したのは、１９７７年に五輪真弓の取材でアメリカ・ロサンゼルスに行った時だ。

彼女をプロデュースしていたのは後に中島みゆきや松任谷由実、氷室京介（１９６０〜）などの日本人アーティストも手掛けるようになるデヴィッド・キャンベル。プロデューサー、アレンジャー、作曲家としてグラミー賞も受賞している。

彼のところで会った10代の女の子に「好きな音楽」を聞かれてジャクソン・ブラウンや「イーグルス」と答えた時、彼女はせせら笑うかのように「トゥースイート」と言ったのだ。つまり「あんな甘ったるい音楽のどこがいいの」という感じだろうか。彼女はパンクに夢中だった。

シンプルで粗削り。世の中や社会への不満をぶちまけるような攻撃的なロックンロール。70年代の半ばにロンドンで生まれたパンクはアメリカ西海岸も席巻していた。

身体（からだ）に安全ピンを刺して床に唾（つば）を吐きながら歌う。公演会場では客同士のけんかが絶えず、レコード会社や放送局とも摩擦が生じている。日本では、音楽よりそうしたスキャンダラスな話題が先だった。

アナーキーのシングル
「ノット・サティスファイド」

80年にシングル「ノット・サティスファイド」でデビューした「アナーキー」（現・「亜無亜危異」）は、パンクを旗印にメジャーで登場した最初のバンドだろう。

彼らの前にも「ARB」を皮切りに「ザ・ロッカーズ」、「ザ・モッズ」と福岡から〝めんたいロック〟と呼ばれる一連の硬派なロックバンドが登場した。ただ、福岡には70年に鮎川誠（1948〜2023）らが結成した「サンハウス」以降脈々と流れているロックバンドの歴史があった。彼らの多くは、パンクがあったから生まれたというより、ブルースも踏まえたビートルズ以降の骨太なロックバンドという印象だった。

東京でも78年から「東京ロッカーズ」と銘打たれたイベントが始まり、79年にはアンダーグラウンドのシーンで客席に動物の臓物などを投げ込む過激なステージを展開する「じゃがたら」や「スターリン」が登場した。

アナーキーがデビューしたのはメジャーの老舗、ビクター音楽産業（現・JVCケンウッド・ビクターエンタテインメント）で、サザンも当時所属していたインヴィテーションレーベル。埼玉出身の4人が身にまとっていたのは当時、国鉄（87年からJR）の労働組合の人たちが着ていた作業服。バンド名はロンドンパンクのシンボル的存在だった「セックス・ピストルズ」の代表曲「アナーキー・イン・ザ・UK」に由来していた。世の中や社会に対しての反抗的な正義感は、青春パンクそのものだった。

デビューのきっかけは79年、ヤマハのバンドコンテスト「East West」で優秀グループ賞とベスト・ボーカリスト賞を受賞したことだ。「日本一のパンクバンドになるように心掛けてきました。われわれのステージ衣装も自慢の一つです」とのコメントが残っている。

この時に入賞した群馬のバンド「デスペナルティー」のボーカルは氷室京介、ベースは松井恒松（92年に常松・1960〜）である。氷室が別のバンドにいた同郷のギタリスト、布袋寅泰（1962〜）を誘って81年に結成したのが「BOØWY」だ。82年の彼らのデビューアルバム『MORAL』の宣伝コピーは「ラストパンクヒーロー」「エアロスミスとサザンとアナーキーを足して3で割ったバンド」だった。

ロックでもフォークでもない「長い夜」
松山千春にしか歌えない歌

「長い夜」

その人の個性というのは、思いがけない曲で気づかされることがある。1981年4月に出た松山千春の「長い夜」はそんな1曲だった。

音楽の世界で「地方の時代」という言葉が使われたのは70年代が最初だろう。東京中心だった音楽シーンに地方の話題が増えてくる。東京のメディアや業界の外から新しい才能が登場するようになる。福岡の井上陽水、チューリップ、甲斐バンド、「チャゲ&飛鳥（現・CHAGE and ASUKA）」。広島の吉田拓郎や矢沢永吉、浜田省吾、原田真二、札幌の「ふきのとう」や中島みゆきらが、新しい風を送り込んだ。

ただ、彼らはプロになるために上京している。77年1月にシングル「旅立ち」でデビューした松山は、そういう前例に倣わなかった。彼は78年にシングル「季節の中で」を大ヒットさせた後も生まれ故郷の北海道を離れようとしなかった。出演を断り続けていたTBS「ザ・ベストテン」で1位になった時のテレビ初出演も、コンサート後の旭川市民文化会館からの生中継。3分の予定だったMCを8分続け、その後の山口百恵が歌えなくなったというエピソードも残っている。

小学生の時にフォークソングに興味を持ち、足寄に来た岡林信康に感銘を受けて音楽を始めた伸びの良い美声は、澄み切った北海道の空を思わせた。筆者は当時、取材で北海道に行く時は彼のアルバムのカセットテープをかばんの中に入れて、現地で聴くことをならわしにしていた。東京などの都会にはない〝叙情〟を歌わせたら彼の右に出る人はいないというのが定説だった。

「長い夜」は、そういう曲ではなかった。イントロのギターを弾く松原正樹（1954〜2016）は、林立夫（D・1951〜）、斎藤ノブ（PER・1950〜）、今剛（G・1958〜）ら売れっ子ミュージシャンの集まりだったフュージョンバンド「PARACHUTE」の一員、リズムを刻むのは拓郎のバックでおなじみの島村英二（1950〜）。1回のコンサートで「長い夜」を複数回歌った時にはハンドマイクを持ってステージを走り回っている。スーツ姿でサングラスをかけていた時もあった。

フォークシンガーがロック系のミュージシャンをバックに歌った時のぎこちなさがない、気持ちよさそうにリズムに乗ったスケールの大きい歌。生ギターの弾き語りというイメージは一変した。ロックでもフォークでもない「彼にしか歌えない歌」を見せつけられた気がした。

相乗効果というのだろう。79年に出たシングルコレクションのアルバム『起承転結』もロングヒットし、翌80年を代表する1枚となった。

同年、自分たちのレコード会社「ＮＥＷＳレコード」を設立。従来のイメージと違うことに反対するスタッフを押し切って発売された「長い夜」は、81年の年間シングルチャート5位。彼にとっての最大のヒット曲となった。

82年7月、真駒内屋外競技場に約5万人を集めて行われた、当時の北海道史上最大のコンサート「大いなる愛よ夢よ」の1曲目が「長い夜」だ。そのステージで彼は「俺は勝った」と感極まったように言った。何と戦ってきたかが見えた気がした。

最強のライブバンド、アリスの活動休止
驚異的な数のステージと、ラジオの深夜生放送の両立

「エスピオナージ」

1980年代の始まりは、70年代を支えてきた立役者たちにも大きな転機となった。81年、東京ドームの前身の後楽園球場で2度公演した後に活動を休止した「アリス」もそんな一組だった。8月31日と11月7日。前者はバンド形式、後者はメンバー3人だけのアコースティックセットのコンサートである。

アリスは谷村新司（1948～2023）、堀内孝雄（1949～）、矢沢透（1949～）の3人組だ。デビューは72年。関西の音楽サークルの知り合いだった谷村、堀内の2人にプロのドラマーとして活動していた矢沢が加わった。

2人がソングライター、リードボーカル、アコースティックギターを担当し、もう1人がパーカッションという編成は、当時のフォークグループの中でも異色だった。

谷村は当時「なぜ堀内と組もうと思ったのか」という筆者の質問に「声の大きさに引かれた。一緒に歌ったら気持ちいいだろうと思った」と話した。中学の頃にジャズドラマーを志し、17歳でプロになり、「ザ・ピーナッツ」などのバックも経験していた矢沢のリズムが2人の歌を支

えた。

アリスは74年に年間コンサート数303本という驚異的な記録を残している。「急行のとまる市の市民会館にはほとんど行った」というのも誇張ではないだろう。マネジャーとメンバー3人だけで移動し楽器も自分たちで運ぶ。矢沢が楽器をドラムからコンガにしたのも「自分で運べるから」だったという。

彼らの成功はライブとラジオの深夜放送あってこそだった。谷村は大阪の毎日放送の「ヤングタウン」で人気になり上京した。愛称は、初来日で話題になっていたパンダをもじった自称「崩れパンダ」である。筆者は当時、谷村がパーソナリティーだった文化放送の深夜番組「セイ！ヤング」の番組構成と機関紙の編集に携わっていた。アリスと同じ事務所「ヤング・ジャパン」のフォークグループ、「バンバン」とやっていたコーナー「天才・秀才・バカ」は毎週段ボール1箱のはがきが届く人気だった。

そんな多忙な活動の一方で74年に谷村が、75年には堀内もソロアルバムを発表している。早くからバンドとソロを両立していたグループとしても特筆されるだろう。2人は「アリスは僕らの母艦」という言い方をしていた。

ライブのスケジュールが詰まっていても生放送は休まない。そうしたスケジュールがどれくらい過酷だったか。資生堂のCMソングでシングルチャート1位を記録した78年の「君のひとみは10000ボルト」（作詞・谷村新司、作曲・堀内孝雄）は、当初アリスへの依頼だったが、谷村が体調を崩したために堀内のソロになった。72年からの10年間で発売したライブアルバムは7枚に上る。その集大成が後楽園球場のライブ盤『アリス360°6日　FINAL LIVE at KORAKUEN』と『3人だけの後楽園　VERY LAST DAY』の2枚だった。アリスはその後、何度かバンド活動を再開、2010年には東京ドーム公演も行った。後楽園球場とドームの両方で単独ライブを行ったのは、他に「ザ・タイガース」と矢沢永吉ぐらいだ。70年代最強のライブバンドの証しである。

「歌謡曲」を変えた松本隆の人選
細野晴臣作曲の「ハイスクールララバイ」

「ハイスクールララバイ」(『ポテトボーイズNo.1』より)

1981年は「作詞家の松本隆」が「歌謡曲」の概念を変えた年だ。前述した松田聖子を発掘したCBS・ソニーのプロデューサー若松宗雄が彼女に意図した「文学性と音楽性」は松本によって形になった。従来の歌謡曲が使わなかった言葉が作り上げた詩的な世界。さらに彼は、それまで歌謡曲とは縁遠かった作曲家を起用したのである。松本隆がほぼ全曲の詞を書いた81年3月の大滝詠一のアルバム『A LONG VACATION』

は、70年代はお茶の間には知られていなかった大滝の才能を強烈に知らしめることになった。それ以前は、男性アーティストの洋楽的な日本語のリゾートアルバムが売れるということ自体が考えられなかった。ジャンルを超えた幅広いリスナーを獲得したのは、松本隆の詞があってこそだろう。

そうした流れの中での意外性では、81年8月に発売された「イモ欽トリオ」の「ハイスクールララバイ」が最たるものではないだろうか。

テレビのバラエティー番組「欽ドン！ 良い子悪い子普通の子」の出演者3人による企画もののユニットのデビューシングルの作詞が松本で、作曲はYMOでブームの頂点にいた細野晴臣だった。

松本は、細野の起用について、筆者の取材でこう言った。

「僕が作詞家になってある種成功して。細野さんらもYMOで成功した時だったからね。また付き合えるかなあと思って、そろそろやってくれるかもってフォーライフレコードの後藤社長に言ったら頼んでくれて。やるって言ってると聞いた時は、ほんとかなあと(笑)。いきなりミリオン売れちゃったんだよね」

イモ欽トリオのシングル
「ハイスクールララバイ」

松本隆は作詞家でありながらプロデューサーでもあった。ただ、彼が一緒に仕事をしてきた作曲家やレコード会社のパートナーは限られていた。自分のやりたいことを理解してくれる人としか仕事をしない。フォーライフレコード社長の後藤由多加（現・豊・1949〜）は、早稲田大学の学生の時にデビューしたばかりの吉田拓郎に出会って、人生が変わったという経歴の持ち主だ。拓郎、かぐや姫、イルカ（1950〜）などを擁して70年代の新しい音楽の拠点となったユイ音楽工房を設立し、社長となった。フォーライフレコードは初代社長が小室等、2代目が吉田拓郎、3代目が後藤だ。吉田拓郎が松本隆とがっぷり組んだ78年の2枚組みアルバム『ローリング30』のエグゼクティブ・プロデューサーも後藤だった。

ＹＭＯで時の人となっていた細野が初めて書いたテクノポップ歌謡曲「ハイスクールララバイ」は、3週間1位だった聖子の「白いパラソル」のバトンを受けるかのように8月から10月にかけて7週連続1位の大ヒットになった。

81年、松本の書いた曲は1年の半分以上の週で1位を占めた。その締めくくりになったのが10月発売の聖子の「風立ちぬ」だ。作曲は大滝。彼もアイドルに曲を書くのは初めてだった。

若松は、やはり筆者の取材に「大滝さんはじめ、作家の起用は全て松本さんの人選でした」と言った。聖子は、82年の自著『夢で逢えたら』で「この曲のデモテープを聴いたときも、『あれ？　今までと雰囲気がちがってる。この曲を、私が歌うのか……。でも、歌えるのかしら？』という感じだった」と明かしている。「歌謡曲を変える」松本の試みは、聖子の82年の

「赤いスイートピー」で決定的になった。

「解散」のうわさで回線がパンク
オフコース、We are over？

「言葉にできない」

いつの時代でも「売れる」ことは思いがけない事態を招く。自分たちを取り巻く環境が一変する。そして、予想もしていなかった問題に直面するようになる。「やりたい音楽」と「求められる音楽」のギャップや聴き手の中のイメージの固定化と、それに伴ってバンド内に発生する関係性の変化である。

オフコースは小田和正と鈴木康博の2人が中心で動いてきた。アルバムも2人の曲がほぼ対等に扱われていた。そのバランスが変わっていった。

1979年12月の「さよなら」を皮切りに飛躍的に知名度を増したオフコースに対する世間のイメージは、「優しさ」。バンドとしてのオフコースと小田のハイトーンの声がイコールになっていく。鈴木の脱退はそうした中での帰結だった。80年11月のアルバムは『We are』。81年12月に出たアルバムのタイトルは『over』。2枚を続けると「僕らは終わり」という意味になる。もちろんそう読んだファンも多かった。

ただ、当時はそうしたバンド内の事情は一切語られなかったはずだ。『over』発売後のツアーは82年1月から28カ所69公演。最後が史上初の日本武道館10日間公演となっていた。「ザ・ベストテン」をはじめ歌番組の出演依頼が殺到する中でメディアに露出せずにツアーに専念。唯一出演したのは音楽番組ではなく、NHKの若者向けトーク番組「若い広場」だった。ツアーが進むにつれて広がってゆく「解散」のうわさと疑心暗鬼。6月の武道館公演のチケット応募はがきは総数が約53万通に上り、発売当日の予約受け付け電話の回線がパンクしたというエピソードが、その反響を物語っていた。

何も語らないからこそ伝わることもある。最終日、6月30日に歌われた「言葉にできない」はそんな曲だった。小田が感極まって歌えなくなる。理由は客席が理解している。音楽史に残る感動的な場面だ。

語り草はもう一つある。演奏が全て終わって場内に流れ始めた新曲「YES‐YES‐YES」に合わせて、客席に残っていた大観衆から合唱が起きた。ステージに演者がいない武道館の大合唱は、後にも先にもあの時だけだろう。

彼らは9月に自らが脚本、演出、監督、主演したテレビ番組「NEXT」を制作。その主題歌「NEXTのテーマ　僕等(ぼくら)がいた」で「僕らの終わりは、誰にも語れない」と歌っていた。

鈴木は83年に正式に脱退。4人になったオフコースが再びツアーに繰り出すのは85年だった。

1982年

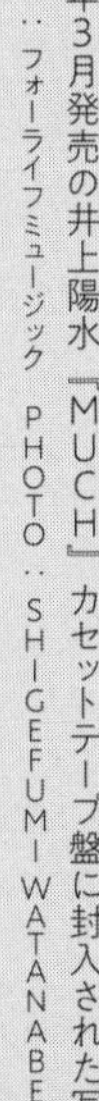

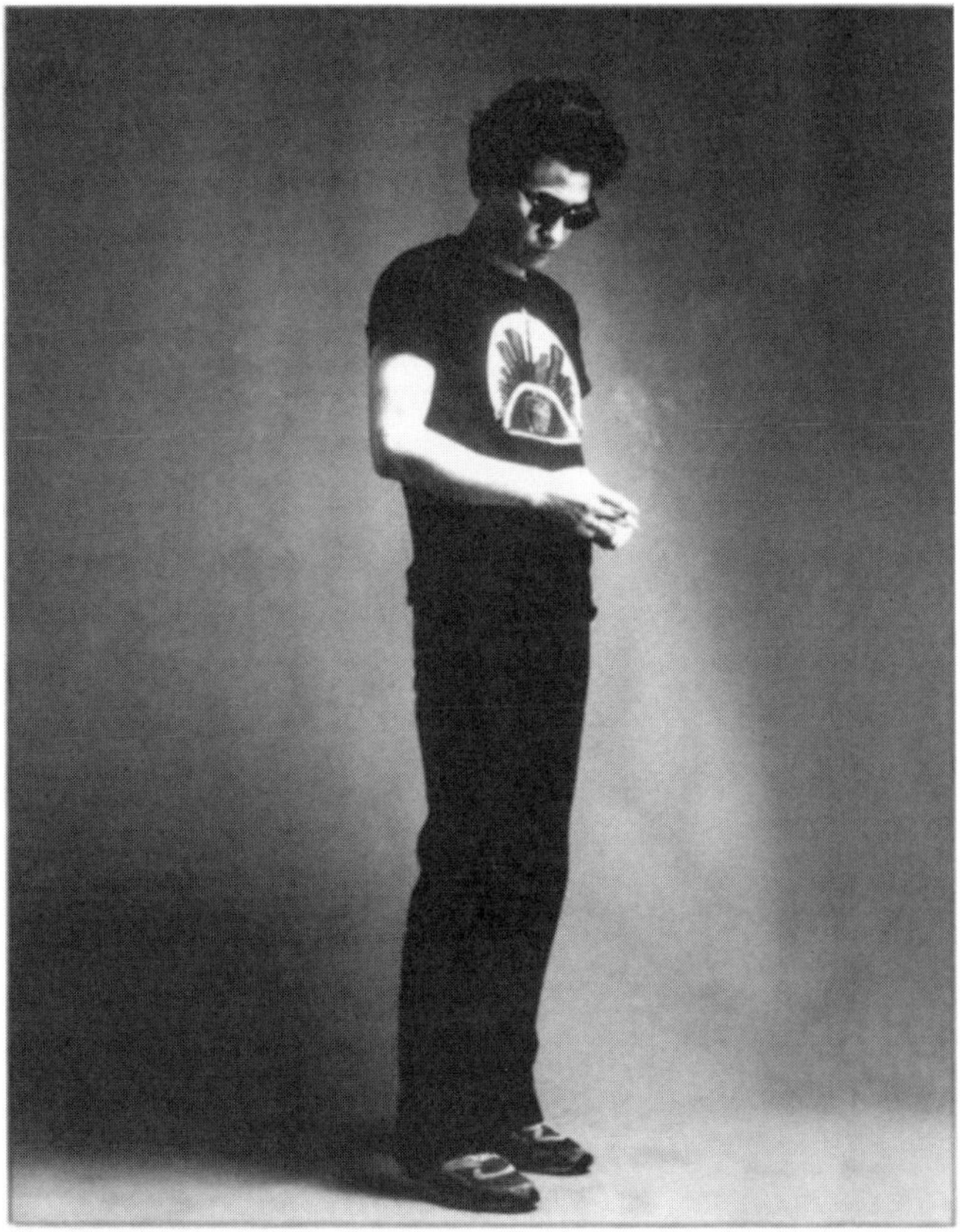

82年3月発売の井上陽水『MUCH』カセットテープ盤に封入された写真。
提供：フォーライフミュージック　PHOTO：SHIGEFUMI WATANABE

Amazon Music

Apple Music

Spotify

「花の82年組」で異彩を放つ
中森明菜のセカンドシングル「少女A」

1982年はアイドルラッシュの年だった。前年10月の松本伊代(1965〜)を皮切りに、3月に小泉今日子(1966〜)、堀ちえみ(1967〜)、4月は早見優(1966〜)、石川秀美(1966〜)。そして5月に中森明菜(1965〜)が続々デビュー。「花の82年組」との呼び名に説明の必要はなさそうだ。

彼女たちの多くが芸能プロダクションやテレビ局のオーディション・スカウト番組から登場した。70年代前半に山口百恵や桜田淳子、森昌子(1958〜)らを送り出した一連のオーディション・スカウト番組は70年代のニューミュージック全盛の中で影が薄くなっていた。82年の新人デビューはそうした業界の反転攻勢に見えた。

そういう中ですでに揺るぎない人気を得ていたのが松田聖子だった。82年1月に出たシングル「赤いスイートピー」は、作詞が松本隆、作曲は呉田軽穂(くれだかるほ)こと松任谷由実である。それまでアイドルとは距離を置いているようだった女性シンガー・ソングライターの起用は「歌謡曲を変えたい」という松本の意向が強く反映されていた。

「少女A」

先にも書いたように80年代前半は〝荒れる学校〟が叫ばれて社会現象になっていた。週刊誌などの報道で10代の性体験低年齢化というスキャンダラスな話題も加わる中、「赤いスイートピー」は付き合ってから半年たっても手も握らない純情な男子と付き合う女子が主人公だった。松本は筆者のインタビューに「メディアの興味本位な取り上げ方に、本当にそうなんだろうかと思っていて、アンチテーゼのつもりで書いた。あの曲がヒットしてそれが証明された気がした」と話していた。

対照的に7月に出た明菜の2枚目のシングル「少女A」（作詞・売野雅勇、作曲・芹澤廣明）はメディアの報道どおりの10代を感じさせた。アイドルのジャケットは愛らしい笑顔と相場が決まっていた中で、彼女がすねたように反抗的な表情でカメラを見つめる写真（撮影・野村誠一）は際立っていた。問題を起こした未成年者を報道する際に使われる「少女A」というタイトルがより想像力をかきたてた。

芸能ジャーナリスト、渡邊裕二の「夕刊フジ」の連載「歌姫伝説　中森明菜の軌跡と奇跡」は、「少女A」を自分のことだと思った明菜が、歌うことに最後まで抵抗していたというエピソードを紹介している。

彼女のデビュー曲「スローモーション」、3枚目の

中森明菜のシングル
「少女A」

「セカンド・ラブ」はともに作詞・来生えつこ（1948〜）、作曲・来生たかお（1950〜）によるオーソドックスなバラードだ。「少女A」が異例と言っていい。

もし、2枚目のシングルが「少女A」ではなかったらどうなっていただろう。〝ぶりっこ聖子対ツッパリ明菜〟というライバル関係は生まれていなかったのではないだろうか。

10代の主演が歌う映画主題歌の大ヒット
薬師丸ひろ子「セーラー服と機関銃」

「セーラー服と機関銃」


1980年代前半の音楽シーンを華々しく飾ったにもかかわらず、「アイドル」の中に入れてしまうのにちゅうちょするのは、彼女が俳優だからだろう。それもすでにトップスターの仲間入りを果たしていた。

薬師丸ひろ子（1964〜）である。

78年の映画『野性の証明』（監督・佐藤純彌）でデビュー。81年11月に発売された彼女の歌手としての第1作、映画『セーラー服と機関銃』（監督・相米慎二）の同名主題歌（作詞・来生えつこ、作曲・来生たかお）は、82年の年間チャート2位の大ヒットだった。

同作を見直していて当時の自由な空気を感じた。何しろ女子高生が、交通事故死をした父の代わりに弱小暴力団の組長の跡目を継ぐのだから。しかもクライマックスでは機関銃を連射するという設定は、赤川次郎の原作があるとはいえ、今ならコンプライアンスから外れるという声が上がりそうだ。

興味深いエピソードがある。作詞家、松本隆の『松本隆対談集 風待茶房1971-2004』（2017年）の中で薬師丸はこう話している。

「相米組の助監督さんたちが酒盛りしながら『お前の映画なんやから、お前が歌ってみろや』なんて言ってる隣で、レコーディングしたんですよ（笑）」

彼女が自分の音楽の「スタート地点」と呼んでいるのが83年5月発売の「探偵物語」だった。作詞・松本隆、作曲・大滝詠一である。同じ対談にこうある。

「歌の世界には、私が子どもの頃から危惧していた、ミニスカートをはいて何かさせられるんじゃないかというイメージがありましたので（笑）」。しかし収録に芸術家肌な松本が立ち会ってくれたことで「自分が思っていた『歌謡界』みたいなものとは違う」と思えたという。

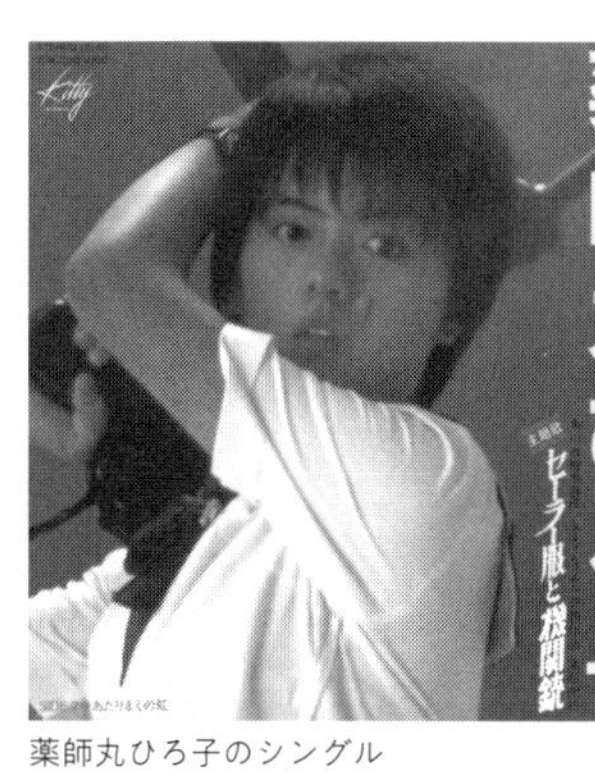

薬師丸ひろ子のシングル
「セーラー服と機関銃」

彼女が抱いていた先入観は、アイドル全盛のあおりということになるかもしれない。10代の女の子に期待された「肌の露出と笑顔」という役割。映画の世界にいた彼女の目には特にそう映ったのだろう。

薬師丸と同じ78年にデビューした竹内まりや（1955〜）も、デビュー当初は自身の居場所に「違和感」を覚えていた一人だった。

79年の3枚目のシングル「SEPTEMBER」（作詞・松本隆、作曲・林哲司）で日本レコード大賞新人賞を受賞、80年の資生堂のCMソング「不思議なピーチパイ」（作詞・安井かずみ、作曲・加藤和彦）の大ヒットを経て81年の年末に休養宣言をした竹内は、後のインタビュー集『Impressions』（94年）で「芸能人運動会に出たり、かなりいくところまでいっちゃってたよね」「毎日歯磨きしながら涙が出るの（笑）」と話していた。彼女がそうした悩みを相談していた相手が、82年4月に結婚した「ザ・芸能界とは全く縁のないフィールドで仕事をしてきた人」（インタビュー集『Impressions』）、山下達郎だった。

ユーミンとみゆき、チャート1位時代へ
松任谷由実『PEARL PIERCE』と、中島みゆき『寒水魚』

松任谷由実
「フォーカス」

いつの時代もライバルは存在する。本人が意識するかしないかにかかわらず、並び立つ形で比較される。女性シンガー・ソングライターでいえば「ユーミン対みゆき」ということになる。そんなありようが決定的になったのが1982年だった。

72年デビューの荒井由実には75年のシングル「あの日にかえりたい」、76年のオリジナルアルバム『14番目の月』と、初のベストアルバム『YUMING BRAND』の1位がある。75年デビューの中島みゆきはシングルで77年の「わかれうた」、アルバムでは79年の『親愛なるものへ』が1位になっており、両輪としての地位は70年代にすでに確立されてはいた。

ユーミンは76年に結婚。78年に松任谷由実として活動を再開。81年の角川映画『ねらわれた学園』の主題歌「守ってあげたい」を収録したアルバム『昨晩お会いしましょう』が1位になり〝第二次ユーミンブーム〟の幕が開いた。続く82年は「赤いスイートピー」（1月）や「渚のバルコニー」（4月）など松田聖子への提供楽曲で1位を連取、作家としての力量を見せつけていた。

そんなさなかの6月に発売され1位を記録したユーミンのアルバムが『PEARL PIERCE』だった。

70年代の彼女の特徴は、淡い水彩画のような描写や私小説的な想いをつづった繊細なみずみずしさ。女性にしか書けない歌があることを教えてくれた。

『PEARL PIERCE』は、そうした彼女自身の感受性のフィルターを思わせる表現にとどまっていなかった。それぞれの曲に主人公がいて、独立したストーリーがある。どれも趣の異なる短編小説のような作風。それまでの「少女漫画」に代わって流行り始めた「レディース・コミック」風である。

たとえば、タイトルにもなった「真珠のピアス」は、別れる彼のベッドの下に片方のピアスを隠しておくという設定。他の彼女と引っ越す時にそれが発見されるでしょう、という女性の側のいわば仕返しの歌だ。

「ランチタイムが終わる頃」は文字どおりOLの昼休みの恋心で、「フォーカス」はモテない原因と思い込んでいた眼鏡が、実は自分を守っていたと気づくというほほ笑ましい出会いの歌だ。「度の強いレンズ」をこんなふうに肯定的に歌った曲を初めて聴いた。

アルバム全体が同質のサウンドで包まれていた。あか抜けたミディアム・テンポのラブソングアルバムは音の隙間から景色が見えてくるような心地よい風を伴っていた。80年代のアルバムの柱になっていた「都会に暮らすOLの日常のときめき」は、この作品から始まったと言っていいだろう。

中島みゆきはどうだったか。80年の『生きていてもいいですか』、81年の『臨月』と、オリジナルアルバムが連続1位。82年3月発売の『寒水魚』は週間だけでなく年間のアルバムチャートの1位を記録。ユーミン・みゆき時代が揺るぎないものになった。

「マリコ」とは何者？ 短編小説のような中島みゆきの「悪女」

曲を語る時に「短編小説のような」というたとえが一般的になったのはこの頃の松任谷由実や中島みゆきからではないだろうか。もちろん70年代にも「歌と文学」という壁を越えようとした阿久悠や松本隆の先例はあった。

ただ、「女性の気持ち」という意味では彼女たちに匹敵する書き手はいなかったと思う。81年10月に発売され、中島にとって77年の「わかれうた」に次いで1位になった「悪女」は、そんな一例だろう。

歌の中に登場するのは「私」「あなた」「マリコ」「あの娘(こ)」の4人である。「私」は、「マリ

シングル「悪女」

コ」に電話をかけて男と遊んでいるふうを装っている。なぜ「私」がそんなことをしているのかが、その後の展開で見えてくる。

「私」が「マリコ」に電話をかけているのは「ホテルのロビー」。でも、「私」が帰るはずの「あなた」の部屋の電話は、話し中になっている。

自分が一緒に暮らしている男性が、自分以外の女性と交際しているとしたら。さらに、彼女をその部屋に連れてきているとしたらどうするか。

中島みゆきのシングル
「悪女」

ただ、その男性は優柔不断で自分の気持ちを決められない。彼がそのことに悩んでいることも理解している。主人公の女性は、彼が自分に愛想をつかすような一人芝居を始める。自分のため、というより彼のためだ。

彼と共通の女友達の部屋に電話をかけて男と遊んでいるふりをして、自分がいかに「悪女」であるかをアピールする。

その女友達が彼に「あんな遊び人の女とは別れた方がいいわよ」と言うように仕向けているのだろう。

でも、本心は彼のことが今でも好きで行かないでほしいと思っている。月夜の晩には、つい本音がこぼれてしまう……。

屈折した女心のいじらしさ。わずか4分の曲に書き込まれた複雑な人間関係と微妙な心理。もし小説などの散文で、それだけの物語をつづろうとしたらそれなりの文字量が必要だろう。なぜ、そんな電話をかけているのか、マリコとは何者なのか。ファンの間ではそんな議論が交わされていた。

「悪女」は82年3月のアルバム『寒水魚』にも収録された。軽やかに浮き立つようだったシングルに比べてアレンジや歌も全く違う憂いに満ちた解釈がなされていた。

誰もが知っている曲に別の角度から光を当てる。そんな試みは、89年からのコンサートでも演劇でもないステージ「夜会」で結実することになる。

女子大生ブームの盛り上がりの中で
あみんの「待つわ」

「待つわ」

70年代の音楽を支えたのはラジオの「深夜放送」だった。テレビの音楽番組はもとより既成の芸能メディアからは相手にもされなかったフォークやニューミュージックなどの新しい日本の音楽と洋楽を若者たちに紹介してきた。

聴き手の大半が、親にも先生にも話せないような身の回りの出来事や悩み事を手紙やはがきに書いて投稿していた中高生だった。

ただ、深夜放送が社会現象になり、パーソナリティーが人気者になり、そこからヒット曲が生まれるようになると質が変わってゆく。それまでテレビを重視していた大手芸能プロダクションの所属タレントが起用されるようになった。筆者が構成に関わっていた文化放送の「セイ！ヤング」にも郷ひろみや桜田淳子などが起用されるようになる。ラジオの世界を離れようと思い始めたのもその頃だ。

文化放送が同番組を打ち切り、青山学院大学の川島なおみや成城大学の千倉真理など現役女子大生がパーソナリティーを務める「ミスＤＪリクエストパレード」をスタートさせたのは81年10月だった。

その理由について当時文化放送のプロデューサーだった渡辺勲は『セイ！ヤング＆オールナイトニッポン70年代深夜放送伝説』（文化放送＆ニッポン放送＆田家秀樹編、２０１１年）でこう言っていた。

「お前、まだ深夜放送聴いてるの？　ダサイねという空気が生まれ始めていた」

硬いことで知られていた「週刊朝日」が「女子大生表紙モデル」を募集したのが１９８０年、抜擢された熊本大学の学生、宮崎美子はミノルタカメラのＣＭに起用され、斉藤哲夫が歌った

CMソング「いまのキミはピカピカに光って」（作詞・糸井重里、作曲・鈴木慶一）がヒットした。83年から「ミスDJ」のパーソナリティーに加わった斉藤慶子は宮崎の大学の後輩だった。82年には「CanCam」（小学館）、「Olive」（マガジンハウス）などの女子大生向けファッション誌も創刊。女子大生がファッションリーダー的存在になってゆく。

82年5月に行われたヤマハ「ポピュラーソングコンテスト」でグランプリを獲得、7月に「待つわ」（作詞・作曲　岡村孝子）でデビューした「あみん」は名古屋の女子大に通う岡村孝子（1962〜）と加藤晴子（1963〜）によるデュオだった。7月のシングル発売後、8月から10月までシングルチャート6週間1位を続け、年末の紅白歌合戦にも出場。82年の年間チャート1位も記録した。メディアは2人を女子大生ブームの象徴のように取り上げることもあった。

あみんのシングル「待つわ」

岡村は、90年の「月刊カドカワ」12月号で当時を「いきなり忙しくなっちゃったんで、考えたり、音楽的にこうしようああしようと話し合いをする間もなく始まっちゃった」「だんだん自分たちが今、何のためにどう動いているかさえわからなくなって、ひどく混乱しました」「幸運だったけどそのトバッチリはちゃんと受けました」と話していた。

83年4月、フジテレビが女子大生を全面的にフィーチャーした深夜番組「オールナイトフジ」をスタートさせて女子大生ブームはピークを迎える。あみんはアルバムを2枚出して同年末に活動を休止した。岡村がソロとして再始動するのは85年のことだった。

日本の音はなぜしょぼいのか、確かめに

矢沢永吉がアメリカで制作した『P.M.9』

「YES MY LOVE -Remastered 2022」

「レコード音楽」がアメリカから入ってきて以来、「洋楽」と「邦楽」の最大の違いに「音」があった。一つ一つの楽器の聞こえ方だけではない。ボーカルも含めた全体の「音」。どうすればこういう音になるのか。そう思いながらアナログ盤を擦り切れるほど聴いた経験があるのはロックファンだけではないだろう。

80年代にはアメリカはさほど遠い国ではなくなっていた。ならばそこに住み、自分を試してみよう。自分のキャリアを懸けてそんな決断をしたのが矢沢永吉だった。

1978年にシングル「時間よ止まれ」(作詞・山川啓介、作曲・矢沢永吉)と5枚目のアルバム『ゴールドラッシュ』がともに1位を獲得、自著『成りあがり:矢沢永吉激論集』も100万部

のベストセラーになった。8月には後楽園球場でのライブも成功させ、さらに所得番付の芸能人部門1位までも獲得した。

歴史的成功を果たしたアーティストの一人となった彼は、80年10月にツアーを終えた後、「ファミリー」と呼ばれて結束の固さを誇っていたチームを解散、12月に単身渡米した。

そもそも75年の日比谷公園大音楽堂、通称「野音」のコンサートを最後に「キャロル」を解散した矢沢のソロデビューアルバム『I LOVE YOU, OK』（75年）は、ロサンゼルスでレコーディングされていた。プロデューサーは映画『ゴッドファーザー』など映画音楽で活躍するトム・マック。アルバムの制作費は全て個人負担という「第一歩」だった。

それから5年。矢沢は日本での名声を捨て、ロスの家賃400ドルのアパートを借りて自炊し、英語学校に通うところから始めた。

なぜアメリカだったのか。彼は筆者のインタビューに何度となく「洋楽に比べて日本のロックのアルバムの音はなんでこんなにしょぼいのか、自分で確かめたかった」と話していた。

ちなみに「帰ってきたぞ～」と高らかに宣言した76年のソロで初めての日比谷野音のバックは、その年に解散した直後のサディスティック・ミカ・バンドの高中正義、後藤次利（1952～）、今井裕（KEY・1949～）、高橋幸宏ら主要メンバーが集まった「サディスティックス」だ。「時間よ止まれ」の演奏はそこに坂本龍一や斎藤ノブも加わった最先端の若手ミュージシャンたちである。「洋楽」との「音の差」はミュージシャンの力量とは別の問題でもあった。

81年、矢沢は、現地で知り合った「ドゥービー・ブラザーズ」のボビー・ラカインドと「リトル・フィート」のポール・バレアにプロデュースと演奏だけでなく、全曲の英語詞も依頼した『YAZAWA』と矢沢自身のプロデュースで日本人ミュージシャンが演奏した日本語詞の『RISING SUN』と2枚のアルバムを出している。

そういう経験を経て制作されたのが82年7月発売の『P.M.9』だった。プロデュースは矢沢。参加しているのは、やはりドゥービー・ブラザースのジョン・マクフィーやTOTOのスティーブ・ルカサーとジェフ・ポーカロら当時頂点にあった西海岸のミュージシャンたち。作曲は全て矢沢で、詞はちあき哲也（1948〜2015）。初めて一人の作詞家に全曲依頼した日本語アルバムである。

収録に参加したミュージシャンを引き連れてのツアーはまさに「凱旋（がいせん）」だった。9月20日の日本武道館公演の模様がライブアルバム『1982 P.M.9 LIVE』として残されている。

筆者はこの時の矢沢のインタビューとツアーのレポートを交えて、大阪の「スポーツニッポン」紙上で1カ月間の平日連載「矢沢永吉・夢を駆ける」を書いた。

矢沢の80年代は「洋楽との格闘」に見えた。

浜田省吾の地球環境への問題意識

環境汚染を暗示した異例のデートソング「僕と彼女と週末に」

「僕と彼女と週末に」

「金で買えないもの」をもう一度見つけたい――。

初のアメリカ・ロサンゼルス録音の80年発売のアルバム『Home Bound』の1曲目「終りなき疾走」でそう歌った浜田省吾の80年代は、歌詞そのもののような始まりだった。

ヒットチャートや「売れるための音楽」に左右されず自分のやるべき音楽や歌いたいことを形にする。81年9月に出た7枚目のアルバム『愛の世代の前に』のタイトル曲は、その年の8月6日に作られたという。「本当の愛の世代というのは地上から核兵器がなくなった後の人たちのことだと思う」という認識が歌になった。

アルバムジャケットには「Born in 1952」と彼の生年がデザインされていた。1952年広島の生まれ。彼の父親は原爆投下直後に救援隊の一員で現地入りして被曝した警察官であり、彼は「被爆二世」だった。そうした「世代認識」は、彼にしか歌えないテーマに思えた。

収録曲「悲しみは雪のように」は、ツアー中に母親が倒れ、意識不明となったことを知った時のことを歌ったものだ。80年代前半、浜田は年間100本前後のツアーを行っており、その報せにもすぐに駆け付けることができなかった。同曲がドラマ主題歌として200万枚を超す大ヒットを記録するのは90年代になってからだ。

アルバム発売当時、彼が東京で経験していた最も大きいコンサート会場は日本青年館だ。さしたるヒット曲もない中、どうやって音楽を届けたらいいか。「無謀」という声も多かった82年1月12日の初の武道館公演にレコード会社がつけたキャッチコピーは「史上最強の挑戦者」である。大方の予想に反してチケットは即日完売。ライブアーティストとして全国的に認知されるきっかけになった。

彼が82年に自然エネルギーを使った野外ライブを計画していたことを知る人は多くない。会場の候補になっていた四国の太陽熱発電所のアクセスと代替エネルギーとしての実効性などの諸問題で時期尚早と見送られたものの、「地球環境」に対しての問題意識は、同年11月に出た8枚目のアルバム『PROMISED LAND～約束の地』の収録曲「僕と彼女と週末に」に反映された。

週末に海で泳いだカップルが、翌朝、気分が悪くなり、散歩に出た海辺で、そこに打ち上げられた大量の魚の死骸を見る――。

浜田省吾のアルバム
『PROMISED LAND～約束の地』

そんな様子を伝える浜田のモノローグも入った環境汚染を暗示する約9分という異例のデートソングに対して、当時は冷ややかな反応の方が多かった。インタビュアーの「メッセージソングで戦争が終わると思っているのですか」との質問に「じゃあ失恋ソングを歌えば去って行った彼女が戻ってくるんですか」と言い返したというエピソードもある。彼の中では「環境破壊」や「反戦」も「失恋」と同じように大上段な「メッセージ」ではなく、個人的な「祈り」であり「願い」だった。

ポップミュージックには「核」も「地球環境」もそぐわない。シリアスなテーマは鼻白まれて敬遠される。そんな風潮の中で何を歌うのか。初めてのアルバムチャート1位は86年の『J.BOY』まで待たなければいけなかった。

「わしの太鼓がロキシー・ミュージックになった」

甲斐バンドの「ニューヨーク3部作」

「BLUE LETTER -Live at NHK HALL, 2001」

スタジオでのそのシーンは今も鮮明に浮かんでくる。

1982年10月、新作アルバム『虜-TORIKO-』のトラックダウンのためにニューヨークに行った甲斐バンドに取材で同行した時のことだ。

彼らが使ったのはマンハッタンにあるパワー・ステーション・スタジオ。かつて発電所だったことでその名前がついた。起用したエンジニアは同世代のボブ・クリアマウンテン（1953〜）である。

甲斐バンドのリーダー、甲斐よしひろは、ボブが手掛けたアルバム、ローリング・ストーンズの『刺青の男』を81年に聴いて衝撃を受けていた。ロックの名盤といわれる「ロキシー・ミュージック」の『アヴァロン』（82年）やデヴィッド・ボウイの『レッツ・ダンス』（80年）も、ボブの手による作品だ。

トラックダウンはミックスダウンとも呼ばれ、ドラムやベース、ギターや歌など別々に録音されたテープを一本化する作業である。各楽器の音色や全体の音のバランスはそこで決まる。特にデジタル器材が普及した70年代後半からはレコーディングの過程での重要度が飛躍的に増した。パワー・ステーションはコンピューターミックスの最先端といわれていた。

アメリカへの出発の前日も国内ツアーの公演を終えてからスタジオに戻り、一睡もしないまま成田空港に向かった甲斐は「観光で行くんじゃない、ボブがいるからニューヨークに行くんだ」と何度となく繰り返した。

現地でのスタジオ作業が始まった1日目のことだ。ロビーで待機している僕らの前に姿を現したドラムの松藤英男（1954〜）は、放心したような表情で「わしの太鼓がロキシー・

ミュージックになった」とつぶやいた。それは70年代のロックバンドの太く重いドラムとは違う、エコーの効いた「80年代の音」だった。

デジタル技術により、肉厚で深みのある音に進化したバンドサウンド、ハードボイルド小説のような骨太な物語性のあるロック。『虜』発表の後、83年の『黄金／GOLD』、85年の『ラブ・マイナス・ゼロ』と続いたボブとのアルバムは「ニューヨーク3部作」として語られている。

甲斐が当時口にしていたのが「誰もやってないことをやりたい」ということだった。

80年、箱根の芦ノ湖畔、81年、花園ラグビー場と続いた野外イベントもそんな例だ。ニューヨークで仕上げられた音を東京のど真ん中で鳴らしたい。現在、都庁が立っている新宿西口都有5号地に2万人以上を集めた野外イベント「THE BIG GIG」が行われたのは83年8月だった。

「音の宇宙」と「ダブルミーニング」の新次元
井上陽水の『LION&PELICAN』

「とまどうペリカン Remastered 2018」

70年代から活動しているビッグネームの中で、80年代前半に最も精力的に活動していたのが井上陽水ではないだろうか。

それまでの活動に区切りをつけて新しい道を選んでゆく。その象徴ともいえたのが81年に自分の事務所「CAMP」を設立し、音楽作りにともなう環境を一新したことだった。

翌82年3月には、井上陽水という名前で再デビューした時のポリドール、自らも設立者の一人となったフォーライフと二つのレコード会社からそれぞれ『SO』『MUCH』という2枚のベストアルバムを発売した。その直後の3月7日にNHKホールでコンサートを行い、テレビに出ないアーティストの筆頭だった彼が、NHKでその模様をオンエアした。

映像だけではない。新宿の東京厚生年金会館でのライブを収録して、4月にカセットテープで発売し、7月に「リバーサイドホテル」、10月には「とまどうペリカン」とシングルも2枚出した。7月の「リバーサイドホテル」のB面の曲は「俺の事務所はCAMP」だった。

この時期の活動が特筆されなければいけないのは、そうした中で発売されたアルバムがあるからだ。81年11月の9枚目『あやしい夜をまって』、82年12月の10枚目『LION&PELICAN』、83年12月の11枚目『バレリーナ』という3枚のオリジナルアルバムは、ギターサウンドが中心だった70年代のアルバムとは作風が一変していた。

何よりも「音像」が変わった。個々の楽器の音というより音全体が醸し出す空気や情景の「像」である。イエロー・マジック・オーケストラに象徴されるテクノロジーの変化に対応した音楽。シンセサイザーの進歩が広げた「音の可能性」。言葉だけにとどまらずそこに抽象的な音が加わることで増幅される神秘的、幻想的なイマジネーションが創り出す「音の宇宙」である。

彼がすでに確立していた、一つの言葉に何とおりもの意味を持たせていくつもの解釈を可能にするという「ダブルミーニング」の面白さは音の効果も加わり新しい次元に入った。中でも『ＬＩＯＮ＆ＰＥＬＩＣＡＮ』『バレリーナ』は、今でも傑作という評価が高い。陽水は、93年に発売されたロングインタビュー本『媚売る作家』で『ＬＩＯＮ＆ＰＥＬＩＣＡＮ』についてこう語った。

「自分の作った歌で、何が一番かなんて聞かれても難しいわけだけど、このアルバムの中の『とまどうペリカン』ていうのが、うっかりするとそういうところに該当するのかもしれないな、なんてぼんやり思ってますよね」

歌詞の中の「ライオン」と「ペリカン」はそれぞれ何を象徴しているのか。デビュー50周年の２０１９年に発売されてベストセラーになった、日本文学研究者のロバート・キャンベルが英訳した『井上陽水英訳詞集』にもこの曲についての解釈にかなりの言葉が費やされている。

井上陽水のアルバム
『LION&PELICAN』

過去の実績に安住しない陽水の活動。自分の作品だけではない。82年には彼が全曲を書き下ろしたアルバムがもう1枚ある。それが12月に出た沢田研二の『MIS CAST』（ミスキャスト）だった。

井上陽水と沢田研二という新しい組み合わせ

沢田研二のアルバム『MIS CAST』

沢田研二
「背中まで45分」

井上陽水は、初めて他のアーティストのために1枚丸ごと詞曲を書き下ろした沢田研二の1982年12月発売のアルバム『MIS CAST』について、前述のロングインタビュー本『媚売る作家』でこう話している。

「最初はほんの1、2曲ってことだったけど、もし10曲作って先方に持っていったら向こうはびっくりするだろうなぁって」

相手をびっくりさせたい。そんなちゃめっ気にも似た動機は彼の活動に欠かせない一つの要素と言っていい。シンセサウンドを全面的に取り入れ、ファンタジックな世界を作り上げることに成功していた自身のアルバム『バレリーナ』について「すごく好きなアルバム」と言いっつ、セールスは「一番よくなかった」。その原因の一つとして「ジャケットが世間の反感を買ったのではないか」と振り返っている。

確かに、バレリーナが衆人の視線の中でV字状に両足を広げているという、アルバムの内容からは想像できない写真には筆者も驚かされた記憶がある。

沢田の『MIS CAST』は、それらのアルバムとは違う意味での斬新な作品だった。中でも83年1月1日にシングル発売された「背中まで45分」は、それまでのビートの効いたポップソングという沢田のイメージにはないミステリアスなラブソングだった。

歌われているのは、45分前にホテルのロビーで出会った男女の恋の進展具合である。名前を聞いた35分前、ラウンジ・バーに迷い込んだ25分前、部屋に誘った15分前、手を取りダンスをしながら入った5分前、そしてドレスを脱いで抱き合う今、と10分刻みで描写するというカウントダウンのような作り方は、陽水、沢田それぞれにとってだけでなく歴代のラブソングの中でも異例の1曲だった。

沢田研二のシングル
「背中まで45分」

陽水が書いた全10曲は、彼が「沢田研二が歌うということで色々浮かんできた」という言葉どおり、『LION&PELICAN』や後の『バレリーナ』

にもなかった多様なジャンルの音楽と80年代の恋愛模様のロマンティックな描写や風刺の効いた表現が並んでいた。その最後に入っていた表題曲「ミスキャスト」はきらびやかなスターの裏側を歌っただけでなく、2人の組み合わせを自嘲しているようにも取れる陽水ならではのものだった。

アルバムの演奏は81年から沢田研二のバックを務めていた「EXOTICS（エキゾティクス）」。リーダーは70年代にりりィ（1952～2016）のバックバンド、「バイ・バイ・セッション・バンド」で坂本龍一らと一緒だったベーシスト吉田建（1949～）。ドラムの上原裕（ゆたか）（1953～）はやはり70年代のロックバンド、「村八分」やシュガー・ベイブのメンバーでもあった。アルバムのアレンジを手掛けた白井良明（りょうめい）（1954～）は、コンピューターを使ったニューウェーブサウンドにいち早く取り組んでいたムーンライダーズのギタリスト。彼らが81年12月にCD発売をしたものの「時代に早すぎる」と一時お蔵入りしていたアルバム『MANIA MANIÈRA』が発売になったのが82年12月だった。

陽水の起用を決めたのは、渡辺音楽出版で沢田を担当していたプロデューサー木崎賢治だ。先述した彼の著書『プロデュースの基本』にこんな章があった。

「『新しいもの』とは新しい組み合わせのこと」

木崎は74年のアグネス・チャン（1955～）のアルバムに作詞家として無名の松本隆、演奏に細野晴臣らを起用している。80年代の沢田で試みた「新しい組み合わせ」の中にはデビューしたばかりの佐野元春がいた。

「世代」を明確なアイデンティティーに

ロックの金字塔、佐野元春「SOMEDAY」

日本のロックが佐野元春「以前」と「以後」に分けられるのは、二つの理由がある。

一つはロックのビートと日本語の一体感だ。現代詩のような文学的な言葉をバンドの音に乗せたはっぴいえんどや、言葉から「意味」を抜いて解体したサザンオールスターズなど70年代に登場したオリジネーターにもなかった都会的な言葉のスビート感である。

二つめが「世代」を自分たちの明確なアイデンティティーにしたことだ。その象徴が2枚目のシングル「ガラスのジェネレーション」の中の「さよならレヴォリューション」というフレーズだろう。その後には「つまらない大人」になることへの拒否を歌っていた。

彼は、筆者のインタビューで「さよならレヴォリューション」という表現は、「革命に挫折した上の世代」に向けたと話したことがある。ガラスのように繊細な自分たちの世代はどんな大人になってゆくのか。少女アイドルが性的なコケットリーのアピールとして使ってきた「大

「SOMEDAY」

人」とは違う、人としての「成長」が１９８０年代の大きなテーマになってゆく。

ただ、彼が学生運動やアングラ文化など70年代のサブカルチャーで青春を過ごしていた世代を否定していたかというとそうではない。82年3月に出た『ナイアガラ・トライアングルＶｏｌ．２』は元はっぴいえんどの大滝詠一という先輩ミュージシャンに、佐野と杉真理（すぎまさみち）（１９５４〜）が胸を借りた形のアルバムだった。大滝詠一は１９４８年生れ、「レヴォリューション」世代に属していた。

もし、佐野が大滝と出会っていなかったら82年5月に出た3枚目のアルバム『ＳＯＭＥＤＡＹ』は違ったものになっていたのではないだろうか。

デビュー3年で彼が初めてセルフプロデュースしたアルバム。60年代前半にアメリカのプロデューサー、フィル・スペクターが開発したいくつもの楽器を重ねた「音の壁」が鳴っているように聞こえる「ウォール・オブ・サウンド」という音の作り方は大滝詠一が試みていたものだ。『ナイアガラ・トライアングルＶｏｌ．２』の経験が形になった。

エンジニアは、はっぴいえんどの名盤『風街ろまん』を手掛けた吉野金次（きんじ）（１９４８〜）。佐野が吉野と出会ったのは、彼が楽曲提供に起用された沢田研二のアルバム『Ｇ．Ｓ．Ｉ ＬＯＶＥ ＹＯＵ』のレコーディングの時だった。

タイトルになったシングル「ＳＯＭＥＤＡＹ」に顕著だった「青春」の痛みと「成長」の願い。反抗的だった若者が理想を失わずに大人になる。同作は、日本のロックの金字塔になった。

佐野は83年3月18日、「Rock & Roll Night Tour」の最終日、東京・中野サンプラザでニューヨークに渡ることを告げて新曲「グッドバイからはじめよう」を歌った。同曲の入った初のベストアルバム『No Damage』の発売は、83年4月。彼が初のアルバムチャート1位の知らせを聞いたのは、ニューヨークに渡ってからだった。

アコースティックグループからロックバンドへ「THE」が付く前の「ALFEE」初の野外ライブ

「Sunset Summer」

人生の転機は思いがけないやりとりの中で訪れる。1982年8月6日、埼玉県所沢市の所沢航空記念公園で行われたALFEE初の野外ライブもそうだった。ある取材で野外ライブへの意欲を語ったメンバーの高見沢俊彦（1954〜）に対するインタビュアーの「でも、アルフィーは室内音楽だから似合わない」という発言に、高見沢が「意地でも野外イベントをやってみせる」と反発したことが発端だった。

当時はまだバンド名に「THE」は付いていなかった。初期の彼らは、ハーモニーのきれいなアコースティックグループというイメージだった。

桜井賢（１９５５〜）、坂崎幸之助（１９５４〜）、高見沢の３人は明治学院大学の音楽仲間。高校時代の高見沢はハードロック少年だった。彼は、72年にフォークグループ、「コンフィデンス」ですでにデビューしていた坂崎、桜井と出会ってハーモニーの楽しさを知ったと、折に触れて話している。ちなみに彼らがデビューのきっかけになったデモテープを送ってきたのは文化放送の番組「三ツ矢フォークメイツ」。パーソナリティーは小室等で構成は筆者だった。

73年に結成し、74年に「ＡＬＦＩＥ」としてデビューしたものの満足な結果を手にできず、75年のファーストアルバム『青春の記憶』以降レコード会社の契約もなくなっていた彼らが再デビューしたのは79年。その間、ライブハウスで歌う一方、同じ所属事務所の研ナオコ（１９５３〜）、かまやつひろし（１９３９〜２０１７）らなどのバックバンドとして活動を続けていた。

ただ、３人が当時の話をする時には「苦労話」というより「よき思い出」のニュアンスが強い。どんな音楽も楽しめてしまう幅の広さと柔軟性は今も変わっていない。事務所の先輩、元「ガロ」の大野真澄（１９４９〜）から曲作りのアドバイスをもらったのもその頃だ。

所沢で行われた野外イベントのタイトルは「ROCK'N'ROLL FIGHTING NIGHT」である。バックにドラムとキーボードを加えたロック志向は、高見沢俊彦の心意気でもあった。83年1月に出た『ＡＬＦＥＥ』は、彼がアコースティックギターからエレキに本格的に持ち替えたアルバムだ。つづりを改めたバンド名をタイトルにしたのは、ロックバンドとして再出発することの決意表明のようだった。

初の野外公演、所沢の公演で予告した「結成10周年の何か」は、83年8月24日の初の日本武道館公演だった。ステージには洋楽のハードロックのライブを思わせる巨大なアンプが積み上げられていた。

6月発売のシングル「メリーアン」がトップ10に入り、初めてのヒットとなるのは武道館ライブの後、10月の声を聞いてからだ。

バンド名に唯一無二を意味する「THE」が付いたのは、86年8月3日に江東区青龍の13号埋立地と呼ばれていた空き地で行われ、史上初めて10万人を動員した野外イベント「TOKYO BAY-AREA」の時だった。「ベイエリア」という言葉が大々的に使われたのはあれが最初だったのではないだろうか。

1983年

チャゲ&飛鳥の国立代々木競技場ライブ（9月30日）を収録したVHSビデオ『Good Times』

PHOTO：SHUSUKE MATSUURA　DESIGN：YASUO MOCHIDA

Amazon Music

Apple Music

Spotify

山下達郎30歳、「夏と海」を抜け出す試み
自分で作詞し、ビートの幅を広げた『Melodies』

年齢に対しての感じ方は時代によって変わってくる。70年代、若者の間に「30（歳）以上は信じるな（Don't Trust Over 30）」という言葉があったことを知っている人はどのくらいいるだろう。

70年代の若者文化を担っていたのは団塊の世代から1950年代生まれだ。彼らが「30以上」と言っていたのは「軍歌」や「文部省唱歌」で育った世代である。どんな大人になるか、どういう生き方をすべきなのか。特に音楽に対しての考え方には大きな隔たりがあった。当時の30代以上にとって音楽は「不良の遊び」であり「一生の仕事」とは思われていなかった。

山下達郎は、83年6月発売のアルバム『Melodies』について、後年の30周年盤のライナーノーツでこう書いた。

「年齢的にもちょうど30歳をむかえる時期でした。当時、30歳という年齢は、ミュージシャンにとって人気や表現のピークを過ぎて下り坂に向かう分岐点と考えられていました」

82年に自分の音楽環境を一新したアーティストの中に達郎もいた。ソロになって6年間在籍

していたＲＶＣレコードから自分たちで設立したレコード会社、アルファ・ムーンに移籍。7枚目のオリジナル・ソロアルバム『Melodies』はその第1弾だった。

80年のシングル「ＲＩＤＥ ＯＮ ＴＩＭＥ」でブレイクした彼は、「夏だ、海だ、タツローだ！」というキャッチフレーズで、その季節を象徴する存在になった。

２０１３年に出た『Melodies』の30周年盤ではそういう状況を「受け流しつつも次第に不安が募ってきた」と、こう振り返っている。

「このまま行くと単なる風俗的発散の道具として消費されて終わるのではないかと。もうそろそろ抜け出さなくてはならない。夏と海ではない、昔のようなもう少し内省的な作品に戻りたい」

山下達郎のアルバム
『Melodies』

そのためにどんな試みをしたのか。彼は二つのことを挙げている。

一つは「歌詞」に対しての考え方だった。何よりも自分の求めるベーシックな音と演奏をどう作るかという「サウンド志向」から「自分の言葉で歌を作る」という変化。それまでの彼のアルバムには作詞にシンガー・ソングライターの吉田美奈子が加わっていた。アルバム『Melodies』は、全10曲のうち、82年の前作『ＦＯＲ ＹＯＵ』制作時にレコーディングされた曲と、洋楽のカバーを除いて、全曲が自分の詞だった。

もう一つが「ビート」である。それまでの作品の軸となっていた「16ビート」からロックンロールの基本でもある「8ビート」に幅を広げる。

ただ、ありがちな「青春の音楽」としてのロックンロールではない。30歳を迎える年齢ならではの音楽的な試みが、ロックとは縁遠いと思われていたバロック音楽調のコード進行を取り入れた、アルバム最後の曲「クリスマス・イブ」だった。当初はアルバムの中の1曲だったものが83年12月に12インチのピクチャー・ディスク、86年に7インチシングルで発売、88年12月にJR東海の「クリスマスキャンペーンソング」に起用されて大ヒット、以降、年末を飾る恒例の曲となった。

「夏のタツロー」と「大人のクリスマス」——。

発売から40年近くたっても色あせない、時を超えたクリスマスソングは偶然の産物ではなかった。

「そこは全部プールなんですよ」
代々木第一体育館で最初にライブしたチャゲアス

石川優子とチャゲ
「ふたりの愛ランド」

日本武道館が初めてポップス系の有料コンサートに使われたのが、1966年のビートルズ来日公演であることは有名だ。だが、64年の東京五輪の時に作られた国立代々木競技場第一体育館の最初の公演が何だったかは、さほど知られていないのではないだろうか。

答えは83年9月30日に行われたチャゲ&飛鳥の「21世紀への招待状」と題するコンサートである。

チャゲアスはライブハウスでの下積みを経験しないでブレイクした、まれな例だ。79年5月の第17回ヤマハポピュラーソングコンテストで入賞曲だった「ひとり咲き」で8月25日にデビューした。その時のキャッチフレーズが「九州から大型台風上陸！」である。ポプコンの注目度の高さと、70年代のスーパースターを送り出してきた「福岡」という街のパワーもあっただろう。デビューの翌80年には12本、81年には59本、82年には64本の全国ホールツアーを行い、その間には学園祭などにも出演している。

83〜84年のツアーのスペシャル公演だった代々木のライブは、『LIVE IN YOYOGI

STADIUM』としてライブ盤にもなった。

このライブでChage（1958～）が口にした歴史に残るせりふがある。

「アリーナの人。そこは全部プールなんですよ。ただ板が敷いてあるだけです。サメが2匹入っております。ここはオリンピックプール」「ここ、国立ですよ、国の許可、ちゃんと取ってきたぞー」

彼らがコンサート史で特筆される事例の一つに、開演前や終演後に自分たちが出演したオリジナル映像を会場で流し、盛り上げたことがある。82年のツアー「御意見無用」のオープニングとエンディングに2人が登場する映像が使われていた。

その時の11分に及ぶオープニング映像は、下町の長屋住まいのChageと豪邸に住む貴公子のASKA（1958～）という対照的なキャラクター設定がされたものだった。イメージフィルム的な映像を効果的に使う先駆けだったオフコースとは違う、本格的なエンターテインメント映像は、彼らからだろう。

筆者がチャゲアスと初めてした仕事が、84年4月にVHSで発売された映像作品『GOOD TIMES―1983・9・30国立代々木競技場LIVE―』の制作だった。ステージの記録に終始するのではない、彼らならではの色が出せないだろうか。そう考えて2人がライブに向けた日々を演技するシーンを挿入したのは、82年のツアーの例があったからだ。

学生気分の残る素朴な若者のイメージは、2人の個性が鮮明になることで変わっていく。84

年2月のシングル「MOON LIGHT BLUES」はASKAがピアノで作った都会的なラブソングだ。同年4月、Chageは自身が詞曲を書いたシンガー・ソングライターの石川優子（1958～）とのデュエット曲「ふたりの愛ランド」をCMソングとしてヒットさせ、それぞれの第2章が幕を開けた。

時間をかけて浸透した名曲
井上陽水、玉置浩二による「ワインレッドの心」

安全地帯
「ワインレッドの心」

どうやって自分たちを知ってもらうか。

SNSなどがなかった80年代のミュージシャンにとっては、コンテストやオーディションで注目されるか、レコード会社のディレクターなど、世に曲を送り出す立場の誰かと出会うしか方法がない。そこに至るまでにはかなりの時間がかかる。

83年11月に4枚目のシングル「ワインレッドの心」を発売した「安全地帯」もそうだった。ボーカルの玉置浩二（たまきこうじ）（1958～）は中学時代に地元の北海道・旭川でバンドを結成。76年にヤマハのポピュラーソングコンテストで北海道代表にもなった。牧場のサイロを寝室付きの練習スタジオに改造し、そこを拠点にコンテストに出場するという、北海道では知られる存在だった。スタジオの名前は「MFP」、ミュージック・ファーマーズ・プロダクション。〝音楽を耕す農夫の集団〟である。

79年には「カルメン・マキ&OZ」の札幌公演に出演している。彼らに上京を勧めた、当時、KITTYレコードの編成担当役員、田中裕は、前述の拙著『みんなCM音楽を歌っていた大森昭男ともうひとつのJ-POP』の取材でその時のステージを「長髪でアフロヘヤーの玉置浩二があの独特な声でレッド・ツェッペリンを歌い倒してました」と言った。

年代は失念してしまったのだが、筆者は「わが旅わが心」というフジテレビの番組のロケハンでそのサイロのスタジオを訪れたことがある。彼らには会えなかったが、おそらくその頃だったのではないだろうか。まだ歌も演奏も聴く前で、バンドに対しては「面白い名前だな」という程度の印象だった。

東京で知られるようになるのは、81年と82年に井上陽水のツアーのバックバンドに起用された時からだろう。

筆者が安全地帯に注目するようになったのも、陽水のコンサートだった。82年2月にデビューした彼らは、陽水のライブの1コーナーで自分たちの曲を演奏していたからだ。何よりも、陽水とは違う、玉置浩二の艶のあるボーカルに印象づけられた。

「ワインレッドの心」は、作詞が陽水、作曲が玉置、編曲は陽水をデビュー以来手掛けていた元GSのバンド「ザ・モップス」のギタリスト、星勝（1948〜）である。サントリーの赤玉ポートワインのCMソングだった。

制作したのは、前述の、70年代にCMソングの黄金時代を作り上げたCM音楽プロデューサー大森昭男。彼は83年3月頃にレコード会社のスタッフから、まだ歌詞のないカセットテープを受け取っていた。大森はその時のことをこう言った。

「スキャット風の英語がついたなかなか良いメロディーだったので、その時はお預かりしますと。サントリーとのミーティングの最中に思い出したんですね」

この曲を採用するにあたって大森が出した条件が、まだCMソングを手掛けたことのない陽水が詞を書くことだった。「ワインレッドの心」というタイトルは陽水が付けてきた。

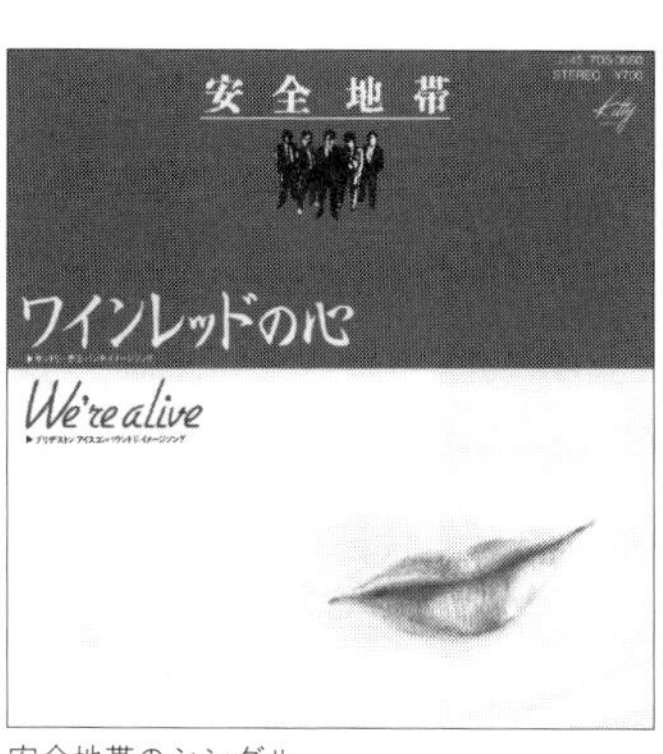

安全地帯のシングル
「ワインレッドの心」

主力商品のCMではないためにスポットなどの宣伝量は多くない。シングルチャートの1位になったのは発売から4カ月たった84年3月だった。メロディーが生まれてからすぐに日の目を見ることはなかったものの、じわじわと人々の心に浸透し、安全地帯を代表する名曲になった。大森は筆者の取材に「あの曲には必要な時間だった」と語った。

1984年

チェッカーズが表紙を飾った音楽雑誌「PATi▼PATi」の創刊号
撮影：岩岡吾郎　アートディレクション：染谷淳一

Amazon Music

Apple Music

Spotify

松本隆から大滝詠一への「別れの手紙」
『EACH TIME』の「1969年のドラッグレース」

作詞家が書いた詞は歌い手に提供されたものでありながら、時には作詞家から歌い手への個人的なメッセージが織り込まれていることもある。

1984年3月に発売された大滝詠一のアルバム『EACH TIME』の中の「1969年のドラッグレース」は、典型的な例だろう。詞を手掛けた松本隆は筆者の取材に「あの詞は、僕から大滝さんへの別れの手紙」と言った。

日本語のロックの草分けだったバンド、はっぴいえんどが今も神格化されているのは、解散後の元メンバーたちの活躍があってこそだ。

細野晴臣は坂本龍一らと結成したバンド、イエローマジック・オーケストラで、テクノポップの先駆けとして世界的な人気を得た。

その後、松本の誘いで作曲を手掛けたイモ欽トリオの「ハイスクールララバイ」や松田聖子の「天国のキッス」「ガラスの林檎」「ピンクのモーツァルト」とナンバーワンヒットを飛ばし、歌謡曲の世界でも存在感を見せつけた。細野が松本に作詞を依頼したYMOのシングル「君に、

「1969年のドラッグレース」

胸キュン。」（83年）は、最高2位となった。

細野晴臣とともにセッション集団、「ティン・パン・アレー」の一員として活動していた鈴木茂は、75年にはアメリカのミュージシャンを起用、作詞を松本隆に依頼したソロアルバム『BAND WAGON』を発売し、自分のバンド、「ハックルバック」を結成。ギタリストとしても松田聖子などのアルバムをはじめ引っ張りだこになっていた。

前述した大滝の81年のアルバム『A LONG VACATION』は、アメリカンポップスへの造詣の深さと、松本の絵画的な言葉が醸し出すリゾート感で、洋楽的ポップアルバムの金字塔になった。

大滝は、やはり松本とのコンビで薬師丸ひろ子や松田聖子、森進一らに曲を提供。デビュー前から親交のあるシャネルズがラッツ&スターに改名し、83年11月に出した最初のアルバム『SOUL VACATION』をプロデュース。収録された「Tシャツに口紅」は、松本隆とのコンビでも屈指の名曲であり、歌った鈴木雅之が「生涯好きな1曲」という名曲になっている。

『EACH TIME』は、『A LONG VACATION』で再会してから輝かしい結果を残してきた2人が再び取り組んだアルバムだった。大滝は自著で「全作が松本＝大滝というのはこれが最初で最後。松本＝大滝でどれくらいやれるか徹底した」と語っている。

「1969年のドラッグレース」は、はっぴいえんどでデビューする前に細野、大滝、松本でドライブした時のことをモチーフにしていた。拙著『風街とデラシネ　作詞家・松本隆の50年』の取材で、歌詞の中の〝レース〟はみんなの生き方で〝道〟は時間、〝ガソリン〟は、才能のことだと明かしてくれた。お互いの才能を出し切って「これで会うこともないだろうなと思って」書いた手紙だった。

『EACH TIME』は『A LONG VACATION』で果たせなかったアルバムチャート1位を達成。2人のコンビの最後のアルバムとなった。でも、「1969年のドラッグレース」がそういう曲だと思って聴いた人はいなかったのではないだろうか。

80年代前半の音楽シーンを舞台に、それぞれの才能が交差し、ポップスの新しい扉を開いた。4人が歴史的イベントを舞台にはっぴいえんどを再結成するのは85年のことだ。

ドゥーワップの街から来たロックアイドル
チェッカーズ「涙のリクエスト」で異例の大ブレイク

「涙のリクエスト」

1984年に初めて「チェッカーズ」をインタビューした時の藤井郁弥（ふみや）（現・藤井フミヤ・1962〜）の言葉が忘れられない。

彼は、自分たちのメディアでの露出を「『週刊明星』からディクショナリー（辞書）まで」とたとえた。つまり軟派な芸能誌から硬派な媒体までが扱う、カテゴリーに縛られない自由なバンドであり、同時にその時代のスターでありながら、辞書に載るほど歴史に残るバンドになりたいという意味もあったのだと思う。

チェッカーズは79年、福岡県久留米市の高校生だった郁弥と武内亨（1962〜）が「久留米一のバンドを作ろう」と結成した7人組だ。92年発売の「月刊カドカワ」の特集で、武内は久留米の街について「石を投げればリーゼントに当たるぐらい、ロックンロールとかドゥーワップのバンドがあった」と語った。

楽器店主催のコンサートも半分くらいはドゥーワップという「変な街」だったという。同じ福岡県でありながら福岡市の硬派なバンド群とは一線を画した流れがあった。福岡の〝めんたいロック〟の先駆として語られるARBの石橋凌（1956〜）も久留米市出身である。彼が福岡市で加わったARBも当時は「アレキサンダー・ラグタイム・バンド」という名前だ。ラグタイムというのはロックンロール誕生以前からある黒人音楽のダンスビートのことだ。郁弥もまた、チェッカーズ結成前は、ドゥーワップを得意とするバンドを組んでいた。

チェッカーズは81年にヤマハ主催のコンテストのジュニア部門でグランプリを受賞。高校生だったメンバーの卒業を待ち、83年9月に「ギザギザハートの子守唄」（作詞・康珍化、作曲・芹澤廣明）でデビューした。

サックスも入ったバンド編成。ボーカル3人は曲に合わせて踊りながら歌う。衣装は全員が70年代のイギリスのアイドルバンド「ベイ・シティ・ローラーズ」をさらに愛らしくしたようなタータンチェックをモチーフにしたもの。そんなビジュアルとも相まってテレビの歌番組や芸能誌の格好の題材になった。

それでいて自己主張もあり、ロックに対しては一家言を持っている。70年代のサザンオールスターズがテレビの中で居心地悪そうにしていたのに対して、チェッカーズは、さまざまなメディアに登場することを面白がっているようだった。

彼らを一躍人気者に押し上げたのが、84年1月に発売になった2枚目のシングル「涙のリクエスト」（作詞・売野雅勇、作曲・芹澤廣明）だ。オールディーズ風なポップな曲と、ラジオのリクエストという世代を超えノスタルジーを誘う詞で、84年を代表する曲になった。

5月に出た3枚目「哀しくてジェラシー」（作詞・売野雅勇、作曲・芹澤廣明）がチャート1位。同時に10位以内に3曲がランクされる、ロックバンドでは異例の大ブレイクだった。〝たのきん〟トリオが一手に引き受けている感のあった男性アイドルのイメージが塗り替えられてゆく。

チェッカーズの爆発的な人気は、それまで情報が主体だった音楽雑誌の在り方も変えてゆく

チェッカーズのシングル
「涙のリクエスト」

ことになる。

音楽雑誌「PATi▶PATi」の創刊
チェッカーズ、吉川晃司、尾崎豊のための新たなメディア

吉川晃司
「モニカ」

「チェッカーズのデビューライブを見たら、世間がイメージするようなアイドルではなかった。それまでの雑誌の枠に収まらないと思いました」

1984年7月創刊の音楽雑誌「PATi·PATi」（パチ・パチ）の初代編集長吾郷輝樹（あごうてるき）は、筆者のJFN系列のラジオ番組「Music Timeline～音楽年表～」に出演した際、立ち上げの動機をそう語った。タイトルになった「パチ・パチ」は拍手の音であり、キャッチフレーズは「おもしろ元気ヤング・ミュージック・マガジン」だ。創刊号には「おもしろ元気ヤング・ミュージック・ボーイズ」とあった。

70年代のフォークやニューミュージックを支えたのは音楽雑誌とラジオだった。代表的なのは自由国民社の「新譜ジャーナル」とCBS・ソニー出版（当時）の「ギターブックGB」である。吾郷は「GB」の副編集長だった。「新譜ジャーナル」はフォークロック系アーティス

トの評論を主体とし、「GB」はニューミュージック系の総合コラム情報誌という編集方針の違いがあった。

「チェッカーズは『GB』でも何度か取り上げましたが、彼らの魅力を伝える新しい雑誌が必要でした」

チェッカーズのデビュー公演は84年1月。新宿のライブハウス「ルイード」だった。3月に同じ場所でお披露目のライブを行ったのが尾崎豊だ。83年12月にアルバム『十七歳の地図』とシングル「15の夜」でデビューしていた。

尾崎のアルバムの初回出荷枚数は3千枚足らず。レコード会社ですら「売れる」と思っていない始まりだったが、「ルイードを見て物が違うと思った」と吾郷。「放つエネルギーが違う。見終わってあぜんとするくらい。全く新しいアーティストを応援したいと、パチ・パチの創刊号から取り上げました」

吉川晃司（1965〜）もそんな劇的なスタートを飾った一人だった。84年2月発売のデビュー曲「モニカ」が4月にシングルチャート4位を記録。70年代の音楽業界で「帝国」と呼ばれた渡辺プロダクションが鳴り物入りで送り出した大型新人。レコード発売は、初主演映画『すかんぴんウォーク』（監督・大森一樹）公開と連動していた。

吾郷は「吉川はいきなり売れましたからね。チェッカーズと2枚看板で始めようと思いました」と振り返る。

活字や楽譜主体で写真は添え物という70年代の編集形態から、女性ファッション誌顔負けの大型グラビア誌へ。ファッション界で活躍していたアートディレクター、人気のカメラマンやスタイリスト、吾郷がテレビの「オールナイトフジ」の女子大生集団〝オールナイターズ〟をもじって〝オールライターズ〟と名付けた女性ライター陣などが作り込んだ誌面は、音楽雑誌をテレビとは違う影響力のある媒体へと押し上げた。

同じ年に「TM NETWORK」、「REBECCA」、中村あゆみ（1966〜）、「BARBEE BOYS」などの有望な新人のデビューが相次ぎ、音楽雑誌全盛の幕が開いた。

オフコース、4人での再出発
ネガティブな感情を歌った「君が、嘘を、ついた」

「君が、嘘を、ついた」

「あの頃、僕はダンボだった」

小田和正は筆者のインタビューで、1982年のオフコース活動休止以降のことをそう言ったことがある。

ダンボというのはディズニーアニメに出てくる耳の大きい象のことだ。一人では飛べないと思い込んでいたダンボは、自分にも飛ぶ力があったことを知る。ずっと短所だと思っていた大きな耳が、実は自分を救ってくれる最大の長所だったことに気づく。

オリジナルメンバーの鈴木康博が抜けた後の彼の心境を物語っていないだろうか。

オフコースは、横浜市の同じ高校の音楽仲間だった小田と鈴木らで結成された。東北大学の建築学科に進学した小田が住む仙台に、東京工業大学で制御工学を学ぶ鈴木が通うという〝遠距離練習〟の中で、コンテストに参加するようになった。

2人で活動していた72年から75年まではもとより、76年に5人のロックバンドになってからは、エレキギターやシンセサイザーにも精通した鈴木の比重はより高まっていた。小田と鈴木はオフコースの両輪だった。

オフコースで海外に出ていけないか。そんな構想も練る中で、鈴木の英語力も欠かせなかった。小田はやはり筆者のインタビューで「ヤスが抜けて一番ショックだったのは、アメリカのプロジェクトをどうするということだった」と話したことがある。

鈴木が抜け、4人での再出発を決めたオフコースの最初の曲、84年4月発売のシングル「君が、嘘を、ついた」には誰もが驚かされた。それまでにはなかった憂いを帯びた陰りのあるメロディーとメンバーの音が絡み合うバンドサウンド。歌われているのは「不信」や「疑い」といったネガティブな感情だ。

小田が書いたオフコースの曲で「嘘」という言葉が使われたのは、数えるほどしかない。他人がついた嘘を題材にしたのは、初めてだと思う。

「新生オフコース」の全貌は84年6月のアルバム『The Best Year of My Life』で明らかになった。タイトルは「わが人生最良の年」という意味だ。

7月にシングルになった「夏の日」のミュージック映像は主演がドラムの大間ジロー、共演が女優の田中美佐子や漫才師の西川のりおらによる青春ストーリー。9月のシングル「緑の日々」の映像は主演したベースの清水仁（1950〜）がボクサーに扮し、女優の高樹沙耶、武田鉄矢らが共演したヒューマンストーリー。ともに小田が演出を手掛け、92年の映画監督デビューを予感させた。プロモーションビデオという概念自体が新しいものだったこともあり、それらの作品は5人時代との変化を感じさせるのに十分だった。

「緑の日々」のカップリング曲「CITY NIGHTS」は81年のアルバム『over』の中の「哀しいくらい」のメロディーに英語詞（作詞・ジミー・コンプトン）をつけたものだ。85年のアルバム『Back Streets of Tokyo』は「君が、嘘を、ついた」など全曲を英語（全作詞・ランディ・グッドラム）で歌った初の英語詞アルバムだった。

アメリカでの契約にまでは至らなかったものの86年、

オフコースのシングル
「君が、嘘を、ついた」

小田和正は8カ月間、ロサンゼルスに滞在、現地のミュージシャンでレコーディングした初のソロアルバム『K.ODA』を発売する。

自分の力で新しい空へ羽ばたこうとしていた。

ヒップホップの洗礼
訪問者・佐野元春がニューヨークで作った『VISITORS』

「COMPLICATION SHAKEDOWN」

1980年代、音楽ファンにとって衝撃的だったアルバムの1枚が、84年5月に発売され、アルバムチャート1位を記録した佐野元春の『VISITORS』ではないだろうか。

佐野元春は、83年5月から単身、アメリカ・ニューヨークのマンハッタンで暮らし始めた。現地で洗礼を受けたのが、70年代後半に誕生したヒップホップだった。

メロディーよりも言葉のビートを重視したラップ、全身を使って踊るブレイクダンス、DJが2基のターンテーブルでアナログ盤を使って奏でるバックトラックとスクラッチ、グラフィティ・アートなどを柱にしたストリートミュージック。まだ日本ではほとんど知られていなかった。

ダウンタウンのアパートにピアノを持ち込んだ彼は、曲作りをする傍ら、サウスブロンクスと並んで危険なエリアとされていたイーストビレッジのアベニュー地区のクラブやギャラリーに足を運び、新しいカルチャーの中に身を置いた。

その様子は、彼がパーソナリティーを務めていたNHK・FMの「サウンドストリート」で紹介された。自らマイクを持ち、独立系レーベルの事務所を訪れてインタビューしたり、ライブハウスでの音源を編集して流したりするなど、デビュー前にラジオのディレクターをしていた彼ならではの試みだった。

そうやって出会ったミュージシャンやクリエイター、ダンサーを起用しながら、スタジオのブッキングなどの交渉事も全て一人で行ったアルバムが『VISITORS』。タイトルの日本語訳は「訪問者たち」。ニューヨークでの彼自身のことでもある。

筆者は、ヒップホップ発祥の瞬間を記録した83年の映画『WILD STYLE』を、雑誌の取材で訪れていたニューヨークのオフオフ・ブロードウェイの映画館で見た。深夜に地下鉄の車体にスプレーで描いたペインティングで時の人になってゆくアーティストは、名前は出ていなかったが、後に日本でも紹介されるキース・ヘリングがモデルだと思わせた。危険といわれていたサウスブロンクスのクラブや、野外ステージでのヒップホップの演奏や、黒人が肩に担いだ大きなラジカセから流れるラップは、ニューヨークならではの路上のエネルギーを感じさせたものの、日本で流行るとは到底思えなかった。

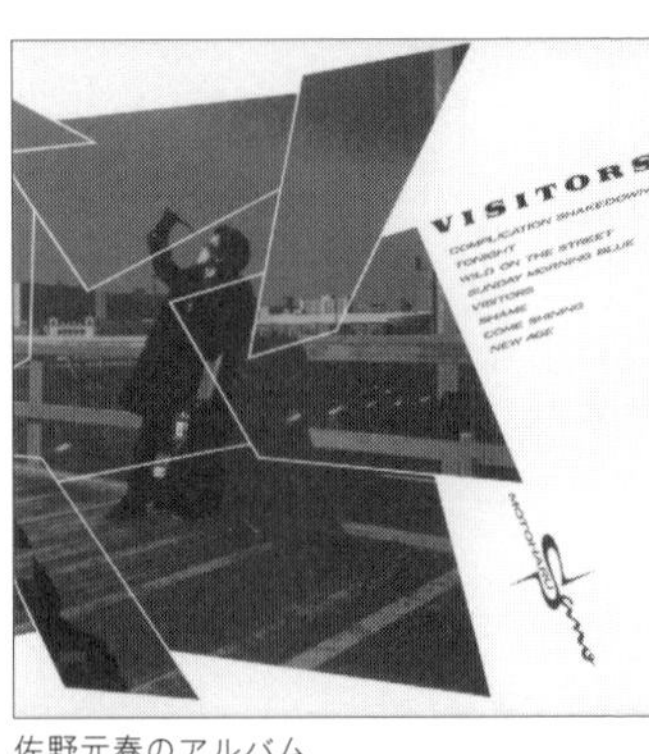

佐野元春のアルバム
『VISITORS』

　言語の異なる国から来た若きアーティスト佐野元春は、アメリカの新しい文化をどう受け止めたのか。アルバムから6月にカットされた12インチシングル「COMPLICATION SHAKEDOWN」とカップリング曲「WILD ON THE STREET」はメジャーなアーティストがヒップホップを取り入れた先駆けだった。「WILD ON THE STREET」にはそれまでの音楽のスタイルを自ら「バラバラに」解体し「新しいビート」を待望するような歌詞もある。『VISITORS』は、実際に制作途中だった作品を没にして作ったアルバムでもあった。「COMPLICATION SHAKEDOWN」のプロモーションビデオには、テレビとコンピューターを融合させた前衛的ビデオアートなども使われていた。

　彼自身の内面の葛藤の赤裸々な告白、新しい時代への真摯なメッセージが刻まれたアルバムのアティチュードは、最後の曲「NEW AGE」が象徴していた。

音楽活動と家庭生活を両立させた竹内まりや
表現したいことが広く受け入れられた『ＶＡＲＩＥＴＹ』

「もう一度」

時を超える音楽というのは、流行の外にあるのかもしれない。売れるとかヒットするということを意図せずに、作り手が一番歌いたいと思って書いた曲が、予想を超えた広がりを獲得してゆく。

シンガー・ソングライター竹内まりやが１９８４年4月に発売したアルバム『ＶＡＲＩＥＴＹ』はそんな1枚だろう。作詞、作曲は彼女自身で、プロデュースとアレンジは夫の山下達郎である。

竹内は78年にデビューし、82年に結婚。「休養宣言」とともに全ての仕事から身を引いた。筆者のインタビューで、デビュー当時のアイドル歌手扱いに「音楽が嫌いになりそうだった」と話したことがある。

休養宣言後に、河合奈保子や薬師丸ひろ子らに曲の提供を始めるようになった彼女は、その頃のことを『ＶＡＲＩＥＴＹ』の30周年記念盤にこう書いている。

「人のために作曲することにいそしんでいるうちに、それと並行して、自分で歌いたいと思う曲のアイデアやメロディも次々と湧いてきて、ふと気づけばたくさんの楽曲が出来上がっていました」

曲を聴いた山下は、その質の高さに驚いたという。やはり同30周年盤で彼は、なぜ自分で曲を書かなかったのかと彼女に聞いた時の答えが、「そういう方向性は求められていなかったし、時間的なゆとりもなかった」からだったと明かしている。

アルバム収録曲の「アンフィシアターの夜」は、ロサンゼルスのコンサートホールでイギリスのバンド、「キンクス」のライブを見た時のことを思い出しながら書いた曲だ。84年8月にシングルカットされた「マージービートで唄わせて」で歌われているのは、彼女の少女時代の「絶対的アイドル」ビートルズへの感謝だった。

同じように「One Night Stand」は学生時代に好きだったアメリカ西海岸の音楽が基になっている。「水とあなたと太陽と」は、休業中に読んでいた作家フランソワーズ・サガンの世界だと「全曲解説」にあった。アルバムには、自分の好きな音楽や歌いたかったことが並んでいた。

竹内まりやのアルバム
『VARIETY』

職業作家は歌い手に合わせて求められるものを書く。シンガー・ソングライターは自分の身の回りのことや表現したいことを詞や曲にして歌う。

　アルバムに先駆けて発売されたシングルは、再び歌いたいという思いを重ねた「もう一度」。山下達郎いわく「シンガーソング専業主婦」。2000年になるまでライブをやらず、音楽活動と家庭生活を両立させた異例のシンガー・ソングライターが誕生した。

MTVの時代のデビューの仕方
〝日本にいないバンド〟TM NETWORKの始まり

「金曜日のライオン
(Take it to the lucky)」

　1980年代の音楽に大きな影響を与えたものが二つある。シンセサイザーの普及と81年にアメリカで開局した音楽専門チャンネル「MTV」だ。

レコードやラジオでは想像するしかなかったアーティストの「動く姿」を見ることができた。もしMTVがなかったら84年のマイケル・ジャクソンの「スリラー」も、日本であれだけヒットしなかっただろう。かなりの割合の人が、テレビで流れたビデオであの曲を知ったはずだ。

　映像が音楽の印象を左右する。それまで映像には距離を置いていた松任谷由実がロンドンに3カ月間滞在、現地スタッフと組んで全曲が短編映画のように連なった映像作品『コンパート

TM NETWORKのアルバム
「RAINBOW RAINBOW」

メント（TRAIN OF THOUGHT）』を発売したのも同年9月だった。

84年4月にアルバム『RAINBOW RAINBOW』、シングル「金曜日のライオン」でデビューしたTMネットワークは、変わりゆく音楽環境に対応したバンドだった。

メンバーはシンセサイザー・キーボードの小室哲哉（1958〜）、キーボードとアコースティックギターの木根尚登（1957〜）、ボーカルの宇都宮隆（1957〜）の3人で、いずれも東京の多摩地区の出身。「TM」という文字には「多摩」と「タイムマシーン」という二つの意味があった。

バンドのコンセプトは、映像重視とシンセサイザーやコンピューターを駆使した音楽作りだった。デビューアルバムには、メンバー3人以外のミュージシャンのクレジットがない。キーボードがリズム楽器も兼ねていた。

彼らはデビューにあたってライブを想定していなかった。自分たちが思い描く音や物語を再現するには、シンセサイザーなどの機材も資金も不足していたからだ。代わりになったのがデビュー曲「金曜日のライオン」と2枚目の「1974（16光年の訪問者）」のプロモーション・ビデオだった。ボーカルの宇都宮隆とショルダーキーボードを持った小室哲哉がフロントで、木根尚登は少し下がった場所でキーボードに囲まれて演奏している。走る彼らの姿に湖のフラミンゴや草原を走る野生動物が合成された「金曜日のライオン」。学校の教室や宇宙空間をつなぐかのように、架空のライブ映像が挿入された「1974」。そして時空を超えたコンピューターサウンド。彼らが求めていたことがその2曲の映像にある。

筆者が彼らを初めて見たのは東京・赤坂にあったTBSホールだ。前年に行われた同局主催の「フレッシュサウンズコンテスト」で優勝してプロになったばかりだった。どんなライブだったかの記憶は薄い。だがEPIC・ソニー（現・ソニー・ミュージックレーベルズ）の担当、坂西伊作が「日本にいないバンド」と連呼していたことは強く印象に残っている。確かに見たことのないバンドだった。彼らが「ライブ」に活路を見いだすのは86年になってからだった。

革ジャンにエレキ、脱フォークソング
変わりゆく中島みゆき

「ひとり」

今も歌い継がれている「ファイト!」が収録された中島みゆきの1983年3月発売のア

ルバムのタイトルは『予感』である。

「ファイト!」の高らかに毅然とした歌詞や、1曲目の「この世に二人だけ」でのうねるようなレゲエのリズム。「悪女」や「うらみ・ます」などの〝女歌〟のイメージに収まらない何かが始まっている「予感」が随所にあった。

中島みゆきは、84年3月、新作を出すことなくキャリア最多となる43本のツアー「明日を撃て!」をスタートさせた。ツアーポスターの彼女は革ジャンに革スカート姿で、ステージではエレキギターを持って歌っていた。それが誰であれ革ジャンもエレキも女性フォークシンガーには縁遠い。彼女がデビュー当時のステージで、長襦袢姿で生ギターを抱えていたことは有名だ。客席からステージにカップ麺が投げ込まれていたこともあったという。

「明日を撃て!」ツアーが始まる前、彼女は雑誌「GB」での筆者のインタビューにこんな話をした。

「今まで自分で作って自分で歌ってるのだから、まずいところも見逃してもらえるんじゃないかという甘えがあったと思うんですよね」

要約するとこうだ。

フォークやニューミュージックなどギター1本で歌うシンガー・ソングライターは、ステージで間違えてもご愛嬌で済んでしまう。他のジャンルにはもっと厳しい環境の中で音楽をやっている人たちもいる。ここに安住していていいのだろうか。もう、自分で作っているというだけで許される時代ではないのではないか——。

アルバム『予感』の前半4曲には初めて編曲に彼女の名前が記されている。エンジニアにも初めて外国人が起用された。自分は変わってゆくと思う。そんな「予感」の産物が、84年10月に出たアルバム『はじめまして』だった。

ピアノとストリングスで始まる1曲目のタイトルは「僕は青い鳥」。それまで「私とあなた」「あんたとあたし」という人称が多かった彼女の歌で、「僕」がタイトルになったことはないと思う。2曲目の「幸福論」も「僕」だ。ドラムとベースを強調したロックは明らかに「脱・フォークソング」を感じさせた。「女心を歌う中島みゆき」というイメージは薄い。

それまでになかった歌の最たるものが、2004年に音楽プロデューサー、小林武史(たけし)（1959〜）と、「Mr.Children」の櫻井和寿（1970〜）が組んだ「Bank Band」がカバーした9曲目の「僕たちの将来」だった。

24時間レストランでスパゲティーを食べているカップルの将来。「あたしたち」「彼女」「彼」「僕たち」「君」「僕」。カメラワークが変わるように歌の中の人称が変わる。僕たちの将来は大丈夫だよね」と繰り返され暗示に満ちたカウントダウンのような音につながってゆく。それはあたかも〝世界の終わり〟を予感させるようだった。

中島みゆきの音の作り方も歌の書き方も変わってゆく。

ファンの間でいわれる〝ご乱心〟の時代が本格的に訪れた。

地方都市の若者たちへの賛歌
浜田省吾の『DOWN BY THE MAINSTREET』

「MONEY」

1970年代から80年代にかけて、「日本語のロック」に欠けていたのは「日本の現実をどう歌うか」という視点だったと思う。

サウンドが洋楽的ということにとどまらないリアリティーのあるロック。自分の置かれた状況とそれについての切り込んだ視点。ブルース・スプリングスティーンやジャクソン・ブラウンがアメリカの若者の現実を歌っていたようにである。

前述した82年の浜田省吾のアルバム『PROMISED LAND』は、「地球環境」という、商業的なロックではあまり扱われたことのないテーマを正面から取り上げた作品だった。84年10月に出たアルバム『DOWN BY THE MAINSTREET』は、それとは違うリアリティーを求めたものだ。

彼は筆者のインタビューでこう言った。

「前作のオリジナルアルバムのテーマが大きかったので、もう一度、普通に生きている少年たちの等身大の歌を書きたかった。どの曲もみんな主人公は少年なんです」

80年代の日本で、浮ついた消費ムードに乗り切れない地方都市の若者のいら立ちや焦燥。象徴していたのが1曲目の「MONEY」だ。

メインの通りにさびれた映画館とバーが数軒しかない町に暮らしている若者のどうにもならない現実。映画スターを夢見ている自分の彼女は見知らぬ金持ちの男と町を出て行ってしまう。そいつの足元にいつか「BIG MONEY」をたたきつけてやるという怒りが言葉にならない叫びとともにぶちまけられる。

「金」が彼女を狂わせる。「金」がこの国を狂わせる。欲しいものはテレビの中にしかないという指摘は日本中の若者たちの心情だっただろう。

2曲目の「DADDY'S TOWN」は、工場が並ぶ町で、ギターを積んだバイクを乗り回し、けんかに明け暮れ、その町を出てゆく若者の歌だ。

それぞれの曲の中の青春。そういう町でバンドを組み全国をコンサートツアーで回るようになった今を歌う「HELLO ROCK & ROLL CITY」の主人公は、浜田自身のようでもあった。

それまで、日本の大半のポップミュージックで「恋」や「夢」は歌われていた。でも、それを取り巻く金や仕事、町、家族にまで踏み込んだ例はまれだった。むしろ、避けていたと言った方がいい。

このアルバムで確立した、物語性に富んだ作風には「まるで青春映画のような」という形容詞がついた。

76年のデビューシングルは「路地裏の少年」。アルバム『DOWN BY THE MAIN STREET』の最後の曲は「MAINSTREET」。つまり路地裏からメインストリートへ、だ。走ることや踊ることしかできない、地方都市の若者たちへの賛歌。「日本語のロック」の新しい幕が開いた。

フォーライフレコードの社長を辞めた拓郎の覚悟

渾身の「拓郎節」を収録した名盤『FOREVER YOUNG』

「大阪行きは何番ホーム」

吉田拓郎を前例なき存在と呼ぶ根拠はいくつもある。まだアンダーグラウンドな音楽だったフォークなどを商業ベースに乗せ、新しい世代の旗手になった。

今では当たり前の「全国コンサートツアー」や「野外イベント」などの先例を作ったのも彼だ。それに加えて「フォーライフレコード」の社長も経験した。長髪にジーンズの若者がスーツにネクタイ姿に着替えて業界のお歴々と渡り合った。

経営者との二足のわらじを脱いでアーティストに専念することを決めたのは、1982年のツアー中だった。当時、筆者が担当していたＴＢＳラジオのインタビュー番組で、社長を辞めたことについて「それは負けたということですか」と聞いたことがある。彼は一瞬沈黙して「おまえ、嫌なことを聞くね。でも、そうだろうな」と絞り出すように言った。

その年の春と秋の2度にわたったロングツアー「王様達のハイキング」は、ライブアルバムとして残されている。

83年、拓郎はオリジナルアルバムを2枚発表した。5月に出た『マラソン』は、自宅のコンピューターで全曲のデモテープを作ったアルバムだった。シンセサイザーやコンピューターの普及による音楽の変化を目のあたりにして「社長をやってる場合じゃない」という心境だったのだろうと、今は思う。タイトル曲「マラソン」は、シンセサイザーの音の広がりに乗せて立ち尽くしながら遥かな旅に向かう心境を吐露しているようだった。

11月に出たアルバムのタイトルは『情熱』である。歌われていたのは「マラソン」と対照的に恋愛への情熱、若者たちがかつて燃やしていた時代への情熱、そして音楽への情熱である。拓郎の代表曲「旅の宿」や「落陽」、「外は白い雪の夜」などは岡本おさみや松本隆らが詞を書いたものが少なくない。アルバムの中で

吉田拓郎のアルバム
『FOREVER YOUNG』

も彼らの書いた曲が何曲か入っていることが通例だった。83年の2枚のアルバムは全曲の作詞が拓郎自身だった。

拓郎の80年代の名盤に、『情熱』と84年10月に出た『FOREVER YOUNG』を挙げる人は多い。特に後者は憧れのボブ・ディランの70年代の曲名をタイトルにし、前2作同様、岡本おさみらの作詞家を起用せず自分で全曲の詞を書くなど、1アーティストに戻った彼の決意を感じさせるアルバムだった。

拓郎が確立したスタイルに「字余りソング」がある。ディランがそうだったように言葉を畳みかけて放り投げるようなスピード感のある歌い方だ。『FOREVER YOUNG』の中の「大阪行きは何番ホーム」や「7月26日未明」は、意を決したような渾身（こんしん）の「拓郎節」だった。

吉田拓郎、38歳。インタビューなどで「ジョン・レノンが死んだ40歳までは歌う」としきりに口にするようになった。「変わりゆく時代」に決着をつける。彼のそんな覚悟を知るのは、翌85年になってからだった。

新たな陽水ブームの訪れ
「いっそ セレナーデ」と「飾りじゃないのよ涙は」

「いっそ セレナーデ Remastered 2018」

作風の変化には、アーティストの生活の変化が反映されていることもある。１９８４年10月に出た井上陽水のシングル「いっそ セレナーデ」がそういう曲だと思わせたのは、曲が使われた洋酒のＣＭに、陽水自身が出演していたからだろう。

長いカーリーヘアでミステリアスな雰囲気を漂わせていた70年代とは違う、物憂げな大人の静寂と、とろけるような甘美さをたたえたラブソング。それまで苦手と言っていたアルコールをたしなむようになったから書けた曲だろうと、誰もが思った。

陽水は日本で初めて、アルバムのミリオンセラーを記録したアーティストである。73年12月発売の『氷の世界』はじわじわと売れ続け、75年に１００万枚を超えた。それだけのセールスを記録してもテレビの歌番組で見ることのなかった彼が、ＣＭの中でウイスキーのグラスを傾けている。それこそが時代の変化を物語っていた。

陽水はこれまでのインタビューの中で何度も「驚かせたい」と話をしていた。「いっそ セレナーデ」の発売翌月に出た中森明菜への提供曲「飾りじゃないのよ涙は」もリスナーの驚きに輪をかけた。

曲提供の発端は83年1月に放送されたテレビの音楽番組「ミュージックフェア」で、陽水の希望で実現した共演だった。

彼は「月刊カドカワ」（92年5月号）の総力特集のインタビューで、「飾りじゃないのよ涙は」を「完全に中森明菜さんを意識して書いた」と話している。明菜の曲「少女Ａ」をテレビで見て、その振り付けに「リズムに対しての体の動きがなんか素人っぽくないっていうか、なんか技術的に高度な感じがした」のだという。

80年代前半のアイドルブームは、音楽が脇役の玉石混淆の時代でもあったのだと思う。陽水はその中で明菜の魅力をいち早く見抜いていた。彼女は他の同年代の女性歌手に比べ「特別チャーミングだった」とも評している。プロデューサー的な才覚を示すエピソードだろう。

84年12月のシングルチャートには「飾りじゃないのよ涙は」「いっそ セレナーデ」、彼が詞を書いた安全地帯の「恋の予感」と、自身が手がけた3曲がトップ5に入った。それらの曲を自ら歌って収録し、同月に出したセルフカバーアルバム『9・5CARATS』はアルバムチャートで9週間1位を続け、翌85年の年間チャート1位を記録。新たな陽水ブームが訪れた。

「JAPANEGGAE（ジャパネゲエ）」

時代を超えるサザンの大衆性

時代の流れにも敏感に反応した『人気者で行こう』

今もサザンオールスターズの音楽を語る時に使われる「雑食性」「大衆性」という評価が定着するようになったのは、1980年代前半あたりからだろう。

ロックやジャズ、歌謡曲など従来は別々のジャンルとされていた雑多な音楽を貪欲に消化してゆく彼らの旺盛な音楽的バイタリティーのことだ。

「この頃から、いよいよ色ものがつまらなくなってきたな」「ちょうど芽ばえてたんですよ、もうそろそろ新しいことをやろうって気持ちが」

84年5月刊行の、自身の歌詞集であり解説もした桑田佳祐の著書『ただの歌詩じゃねえか、こんなもん』の中で彼は82年当時についてそう話している。「色もの」というのは「抱きたい」で始まり「Hold me tight」で終わるようなラブソングのパターンである。

82年『NUDE MAN』、83年『綺麗』、84年『人気者で行こう』とアルバムごとに自由奔放な新しい試みが詰め込まれていた。

たとえば、『NUDE MAN』の1曲目はDJの小林克也（1941〜）の声が入った「DJ・コービーの伝説」。さらに「匂艶（にじいろ）THE NIGHT CLUB」は昭和40年代の歌謡曲の中にあったラテン調のダンスミュージックとバンドが合体。それまでのロックバンドにはない場末の水っぽさを濃厚に発散する。戦時中の大陸の風景が浮かぶノスタルジックな曲もあった。

アルバムごとの変化と成長は、時代の流れにも敏感

サザンオールスターズのアルバム
『人気者で行こう』

に反応していた。

『綺麗』の1曲目の「マチルダBABY」は、シンセサイザーと風の音で始まる。シンセドラムやシンセベース。デジタル化の波が押し寄せる中で楽器の音もレコーディングの仕方も変わってゆく。次の『人気者で行こう』からはバンドがスタジオで一斉に音を出すのではなく、パートごとに録音するようになった。

同作の中の「JAPANEGGAE（ジャパネゲエ）」は、「ジャパン」と「レゲエ」の造語である。英語の「I COULD NEVER」を「愛苦ねば」に置き換えてしまう型破りな詞は桑田の独壇場だ。

時代を超え、ジャンルの分け隔てや優劣もない「大衆音楽」という捉え方。84～85年のツアータイトルは「大衆音楽取締法違反〝やっぱりアイツはクロだった！〟」である。

1985年

1月12日、尾崎豊の日本青年館でのライブパフォーマンス
撮影：三浦麻旅子

Amazon Music

Apple Music

Spotify

ステージに血を塗りたくるような痛々しさ
尾崎豊「卒業」発売直前のライブ

「卒業」

尾崎豊の代表曲「シェリー」や「卒業」が入った2枚目のアルバム『回帰線』の発売は、1985年3月21日だった。

筆者が初めて尾崎豊を見たのは同年1月12日の東京・日本青年館。その時の印象は「彼はそんなに長く生きられないかもしれない」だった。ライブでそんなふうに思ったのは、今に至るまであの時だけだ。それほど、見たことのない衝撃的なものだったのだ。

何が違ったか。

一言でいえば「コンサート」という予定調和にとどまっていない。「どう楽しませるか」とか「うまく歌おう」という計算が感じられない。伝えたいことや表現したいことはあふれているのに、消化し切れないまま全身で挑んでいる。もどかしさを持て余したまま自分を傷つけ、流れる血をステージに塗りたくっているような痛々しさがあった。

小さなホールには収まりきらない激しいエネルギーに、客席も圧倒されている。感動するというより、ぼうぜんと見てしまうというパフォーマンスだったのだ。

ファーストアルバム『十七歳の地図』が、通常のアルバムの最低出荷枚数よりも少なかったことは伝説化している。事務所が考えたキャッチコピーは「もう学校や家には帰りたくない」。真っ先に反応したのが10代の少年少女たちだった。

ただ、最初からカリスマ的存在だったわけではない。青年館の客席には「彼は何者なんだ」という空気も漂っていた。上演中、「おまえらのその視線が俺を孤独にする」という尾崎の言葉に「バーカ、ずっと言ってろ」というやじが飛んだ。意外だったのは、その言葉に尾崎の表情が一瞬和らいだように見えたことだった。

尾崎は、90年の「月刊カドカワ」の特集で「その気持ちが非常によく分かる分だけ、バカと言った人間の方が寂しいんじゃないか」と語った。

自分を嘲笑する見知らぬ観客の寂しさに共感する。それも彼の優しさの表れだったと今は思う。

尾崎豊のアルバム
『回帰線』

「卒業」がシングルで出たのは85年1月21日。日本青年館の公演はその直前だった。客席の戸惑いのような空気は、披露された「Bow!」「Scrambling Rock'n'Roll」などが、まだ耳にしたことのない『回帰線』収録曲だったこともあるだろう。

『回帰線』は初登場1位を記録。新たなホールツアー

「TROPIC OF GRADUATION」の初日、5月の東京・立川市民会館での彼は見違えるように逞しくなっていた。

尾崎現象の幕が開いた。

80年代最大の音楽イベント
夢の共演「ALL TOGETHER NOW」

「今だから」
(『ユーミン乾杯!!〜松任谷由実50周年記念コラボベストアルバム〜』より)

1985年6月15日に、東京・国立競技場で開かれた「ALL TOGETHER NOW」は、80年代最大の音楽イベントだった。

何よりも、国立競技場が音楽イベントに初めて開放されたということがある。約6万3千人という観客数は、他の会場ではありえなかった。

さらに出演者の顔ぶれがすごかった。吉田拓郎、オフコース、アルフィー、ラッツ&スター、アン・ルイス(1956〜)、山下久美子(1959〜)、白井貴子(1959〜)、武田鉄矢、財津和夫とチューリップの選抜メンバー、「ブレッド&バター」、チェッカーズ、南こうせつ(1949〜)、イルカ、さだまさし(1952〜)、12年ぶりに再結成されたはっぴいえんど、サディスティック・ミカ・バンドのメンバーと松任谷由実、「佐野元春withハートランド」、サザンオールスターズ——。

70年代を支えた世代と80年代の旗手が集結する豪華さだった。

特筆されるのは夢のような共演の数々だ。4時間半の長丁場の司会を務めた吉田拓郎は、トップバッターとしてオフコースをバックに歌った。財津和夫のステージでは同じ福岡出身のチェッカーズがピアノの陰から突然登場、トリの佐野元春は飛び入り参加のサザンオールスターズを紹介し、ロックンロールメドレーをともに歌った。

グラウンド上に組まれた八角形のメインステージの角には、8つの円形ステージがあった。それらが交代で中央に移動して使われ、演奏が終わるとステージごとそのまま元の位置に戻るのである。それぞれのステージで複数の出演者がジョイントするという演出。どれをとっても史上最大のイベントにふさわしかった。

それだけのイベントが実現したのは、主催が全国の民放ラジオが加盟する日本民間放送連盟の音声放送委員会（現・ラジオ委員会）だったことが大きい。ライブは後日、全国64のAM・FM・短波局で2時間の特番としてオンエアされた。2013年には再編集されたものが100局で放送されている。

聴き手はラジオを通じて音楽に触れ、ミュージシャンはラジオから自分の音楽を発信する。若者にも音楽界にもラジオの存在は限りなく大きかった。イベントは国連が85年に提唱した

松任谷由実、小田和正、財津和夫のシングル「今だから」

「国際青年年」を記念したものでもあった。

松任谷由実、小田和正、財津和夫が共作し、加藤和彦らと共演した曲「今だから」は、イベントに先立つ6月1日に発売され初登場1位を記録した。このイベントのために作られ、フィナーレで全員が歌った「ALL TOGETHER NOW」（作詞・小田和正、作曲・吉田拓郎、編曲・坂本龍一）は契約上の問題でいまだにCD化されていない。ライブ自体の商品化された映像もないことが、事務所やレコード会社の垣根を越えたイベントの異例さを物語っている。

意図したのは「ニューミュージックの葬式」

はっぴいえんど、12年ぶりの再結成ライブ

「小田（和正）さんは積極的だった。（吉田）拓郎さんも司会を買って出てくれたし。みなさん

「風をあつめて」
（『風街ろまん』より）

が力を貸してくれたおかげです」

日本民間放送連盟の音声放送委員会が主催し、1985年6月に東京・国立競技場で行われたイベント「ALL TOGETHER NOW」について、制作・演出部会の中心メンバーだった亀渕昭信（かめぶちあきのぶ）（1942〜）ニッポン放送編成局長（当時）は、筆者の取材にそう言った。
70、80年代にそれぞれ自力で道を拓いてきたアーティストやバンドが、一つの旗の下に結集する。海外には先例があった。イギリスやアイルランドのロックミュージシャンがエチオピアの飢餓救済を目的に集まったプロジェクト「バンド・エイド」はチャリティー曲「ドゥ・ゼイ・ノウ・イッツ・クリスマス?」を84年暮れに発売。アメリカのスターによる「USA for AFRICA」も「ウィ・アー・ザ・ワールド」を85年3月に発表した。
「そういう流れの影響はあったと思う。チャリティーにという話も出たから。でも、まねみたいに思われるのも嫌だし、まず音楽をやろうということになった」

世代もジャンルも超えた歴史的イベントの最大の話題がはっぴいえんどの12年ぶりの再結成だった。70年代に彼らの演奏を見た音楽ファンは一握りしかいない。73年の解散コンサートも座席数2千ほどの文京公会堂である。YMOで細野晴臣を、『A LONG VACATION』で大滝詠一を、松田聖子の曲の詞で松本隆を知った若いファンにとっては、「伝説との遭遇」である。大滝の「はっぴいえんどです」という第一声に対しての言葉にならないどよめきは、その表れだった。

ステージにいたのはメンバー4人だけではない。YMO解散後の84年に細野が設立したレーベル、「ノンスタンダード」の所属アーティスト、越美晴（89年よりコシミハル・1960〜）らも参加していた。彼女たちをコーラスに加え、打ち込みを多用したサウンドによる「風をあつめて」や「花いちもんめ」は単なる伝説の再現ではなかった。この演奏はライブ盤『THE HAPPY END』として発売された。

細野は、終了後に行われた大滝との対談で「僕らが意図したのはニューミュージックの葬式」と語った。ニューミュージックとは、70年代のフォークやロックが広く大衆化する中で使われるようになった言葉だ。

もうそんな時代じゃないことを自ら証明したい。文化放送とFM東京（現・TOKYO FM）の特番の構成者として現場にいた筆者には、約20分のステージがそんな強烈なメッセージのように思えた。

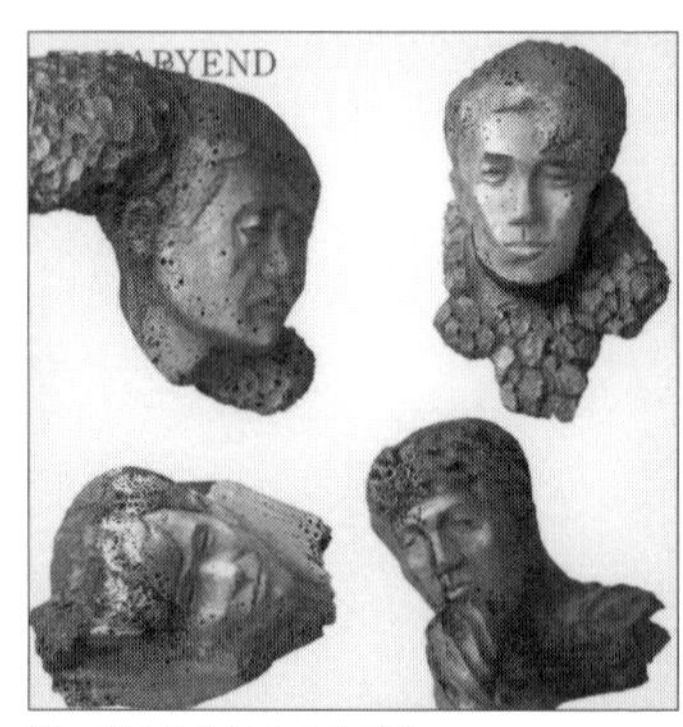

はっぴいえんどのライブ盤『THE HAPPY END』

縦ノリビートの可能性
ベルリンでレコーディングしたアルバム『ＢＯＯＷＹ』

「ホンキー・トンキー・クレイジー」

１９８０年代後半の音楽シーンの主役を担うのがロックバンドだった。その起爆剤となったのが、85年6月にシングル「ホンキー・トンキー・クレイジー」とアルバム『ＢＯØＷＹ』を発売したＢＯØＷＹだ。ボーカルの氷室京介、ギターの布袋寅泰、ベースの松井恒松、ドラムの高橋まこと（１９５４〜）の４人である。

彼らのデビューは82年。すでにアルバムは『ＭＯＲＡＬ』『ＩＮＳＴＡＮＴ ＬＯＶＥ』の2枚を出していたが、結果は芳しくなかった。

所属事務所を自分たちの会社から吉田拓郎やかぐや姫、長渕剛らを擁したユイ音楽工房に移し、さらにレコード会社も松任谷由実やオフコースなどの東芝ＥＭＩに変わるなど、体制を一新しての再出発だった。

アルバム『ＢＯØＷＹ』が特筆されるのは、その後のバンドブームに先鞭(せんべん)をつけたということだけではない。後に「ＧＬＡＹ」や「ＪＵＤＹ ＡＮＤ ＭＡＲＹ」、「エレファントカシマシ」などの大物バンドを手がけ、90年代の「プロデューサーの時代」を担った佐久間正英(さくままさひで)（１９５２〜２０１４）

のプロデュースだったことがある。

佐久間は52年生まれ。70年代のプログレッシブロックの先駆けだったバンド「四人囃子」のベーシストであり、キーボードで参加したテクノポップのバンド「プラスチックス」ではワールドツアーも経験している。ただプロデューサーとして、本格的なギターロックのバンドに関わるのは、BOØWYが初めてだった。

彼は生前、BOØWYに対しての第一印象を「デモテープの歌謡曲のようなメロディーに戸惑った」と、当初はそこまで積極的でなかったことを筆者の取材で明かした。

彼がプロデュースを引き受ける条件として出したのが、デヴィッド・ボウイらが名作を収録したことでも知られるドイツ・ベルリンのハンザ・スタジオでのレコーディング。「ベルリンを出せば断られると思った」というのも有名なエピソードだ。まだ実績のないバンドの再出発にそれだけ力を入れるとは思えなかったからだ。そんな始まりを彼は「最初は見た目も怖そうなバンドだと思ったけれど、スタジオの3日目には、これはすごい可能性を秘めていると感じた」と語っていた。

80年代後半のバンドブームの主流は同じ8ビートでもソウルミュージックやR&Bのような「横揺れ」ではなく「縦ノリ」のビート。シングル曲「ホンキー・トンキー・クレイジー」やアルバムの中の「DREAMIN'」や「BAD FEELING」などは、そののろしのような曲となった。

ただ、アルバムチャートは50位前後。爆発的な人気を呼ぶのは86年になってからのことだった。

「自分の時代に幕を引きたい」
吉田拓郎、空前の「70年代同窓会」

時代が変わってゆく。1985年はそんな分水嶺（ぶんすいれい）にふさわしい出来事がいくつもあった。

たとえば、前述した70年代と80年代のアーティストが一堂に会してバトンタッチしたような6月開催の「ALL TOGETHER NOW」（東京・国立競技場）がそうだ。

その時に司会をしていた吉田拓郎が7月27日から28日にかけて静岡県掛川市のヤマハリゾートつま恋（現・つま恋）で行った「ONE LAST NIGHT IN つま恋」もその一つだった。拓郎が「つま恋」でオールナイト公演を行うのは75年以来。79年に愛知県篠島で行った「アイランド・コンサート in 篠島」を入れれば3回目の野外オールナイト公演。開演午後7時、終演は翌朝5時半、休憩時間も加えて延べ10時間半である。観客数3万8千人。4部に分けて歌われた曲は72曲。1アーティストのイベントとして前例のない規模だった。

「明日に向って走れ」
（『ONE LAST NIGHT IN つま恋』より）

吉田拓郎のライブ盤
『ONE LAST NIGHT IN つま恋』

彼が自分の番組や筆者の取材などで口にしていたのは「人生最良の日にしたい」「拓郎健在と言われるようじゃだめなんだ」「自分の時代に幕を引きたい」ということだった。「引退」という言葉は使っていなかったと思う。タイトルの「ＬＡＳＴ ＮＩＧＨＴ」とも相まって「最後」をにおわせるそうした発言は、メディアの「拓郎引退」の臆測を加速させた。

6月に発売になったアルバム『俺が愛した馬鹿』のジャケットにデザインされていたのはエレキギターのボディー。でも、サウンドには打ち込みが使われており、あたかも「もう俺の時代じゃない」と言っているようだった。

ライブにはゆかりの出演者が集まった。拓郎が「雪」や「地下鉄に乗って」などの曲を提供しプロデュースもしていたフォークバンドの「猫」、拓郎のバックバンドとしてデビューしたＡＩＤＯ、拓郎が小室等、後藤次利（Ｂ）、チト河内（Ｄ・１９４３〜）と組んだロックバンドの「新六文銭」、75年につま恋のステージに立った同じ事務所のかぐや姫らは、いずれもこの日のための再結成だった。ＡＩＤＯのドラマーとして演奏した浜田省吾に拓郎が「浜田、前よかドラムうまいな」と、感慨ぶかげに声をかける場面もあった。

それだけではない。覆面バンド、「ビートボーイズ」として拓郎の曲23曲をメドレーで歌った「スターズ☆オン 23」を発売した拓郎ファンのアルフィー、拓郎の「旧友再会・FOREVER YOUNG」を歌った山本コウタロー（1948〜2022）、「君住む街」を歌った杉田二郎（1946〜）、映画『刑事物語』の原作・脚本を手がけ、拓郎が書いた主題歌「唇をかみしめて」を歌った武田鉄矢、「我が良き友よ」をヒットさせたかまやつひろしら同じ時代をともにしてきた音楽仲間が勢ぞろいした。

休憩時間に点滴を打ちながら迎えた最後の曲は「明日に向って走れ」だ。上り切った朝日を受けて「楽しませてもらったぜ、サンキュー」という言葉で終わった歴史的な公演の模様は、ライブ盤で聴ける。

2022年、76歳の彼は、音楽活動引退を表明した。彼からこの頃の話を聞くことはもうないのかもしれない。80年代に入って「ジョン・レノンが死んだ40までは歌う」と口にしていた吉田拓郎39歳の夏。それは空前の「70年代同窓会」だった。

「どのくらい歌えば幸せになれるんだろう」
尾崎豊の大阪球場公演

「ハイスクール Rock'n'Roll（OSAKA STUDIUM LIVE）」

私事で恐縮ではあるのだが、もし尾崎豊に出会っていなかったら、今はこういう仕事をしていなかったのではないだろうか。

１９８０年代前半、70年代に共感していたアーティストの転機とアイドル全盛という中で音楽について書くことの意味が感じられなくなっている気がしていた。

尾崎豊は85年5月から始まったツアー「ＴＲＯＰＩＣ ＯＦ ＧＲＡＤＵＡＴＩＯＮ」の最終日、8月25日の大阪球場公演で「ハイスクール Rock'n'Roll」のイントロに乗せ、友達があまりおらず、休み時間は自分の席でウォークマンを聴いていたという、高校1年の時のことをこう叫んでいた。

「テープの中身はたとえばブルース・スプリングスティーンやジャクソン・ブラウンや佐野元春や浜田省吾なんかを好んで聞いていたんだぜ。（中略）そんな俺をクラスのみんなは白い目で見やがった。それでも俺は負けなかった！」

会場にいた筆者はそんな姿を見て「自分の好きな音楽が世代を超えてつながった」と思った。

やるべきことがあるように思えたのだ。

尾崎がこれまでに見たどんなアーティストとも違う資質の持ち主だと思わされたのが、ライブ盤『OSAKA STADIUM on August 25th in 1985』に収められているその公演だった。

当時、同球場で公演した10代の男性ソロアーティストは西城秀樹（1955〜2018）しか思い浮かばない。シンガー・ソングライターでは初という快挙に沸く終演後の打ち上げで、あいさつを求められた彼は一瞬言葉に詰まり、涙ぐんだ後、「いったいどのくらい歌えば、ミュージシャンは幸せになれるんだろう」と、はにかんだような笑顔を浮かべた。そして、手に持っていた缶ビールを頭からかけておどけてみせた。

直前まで2万人を超える観客を熱狂させていたとは思えない控えめな姿は、感動的ですらあった。見たことのないのはステージだけではなかった。打ち上げでそんな台詞を耳にしたのも初めてだった。

尾崎の登場に対しての賛否は当時、世代によって分かれていた。肯定派は、彼と同じ10代の少年少女と筆者のような全共闘世代。否定派は、バブルに向かう好景気を仕事の第一線で謳歌（おうか）している現役世代。世の中の現実に懐疑的な世代と、それを享受する世代と言ってもいい。肯定派は「こういう若者がいることに希望を感じた」と目を細め、否定派は「暑苦しくてうざったい」と眉をひそめた。

後日、ある新聞社系の週刊誌の企画で残間里江子、山本コウタローとともに「最近の音楽状況」という座談会に参加した。当然、尾崎の話題になった。でも、その新聞社の写真部には彼の写真がなかった。権威的なジャーナリズムの目の届かないところで時代が動いていた。

尾崎が「青春のカリスマ」「反抗の旗手」としてメディアを賑わすようになるのは、その年の秋からだった。

レコーディング時間1800時間
サザンオールスターズ初の2枚組み『KAMAKURA』

「Computer Children」

アナログ盤時代のバンドやアーティストにとっての夢であり勲章だったのが「2枚組み」だ。たとえば、ビートルズの通称「ホワイトアルバム」と呼ばれる『ザ・ビートルズ』、ボブ・ディランの『ブロンド・オン・ブロンド』、ローリング・ストーンズの『メイン・ストリートのならず者』など代表作として語り継がれているものばかり。何よりも、それだけの曲が作れるという創作力の証しになるからだ。

1985年9月に出たサザンオールスターズ『KAMAKURA』は、彼らの初の2枚組みだった。

「最初はその予定じゃなかったんですけど、桑田君がどんどん曲を作ってきて、じゃあ、ダブルにしようと。発売も半年くらい延びました」

当時、ビクター音楽産業のエンジニアだった池村雅彦は筆者のラジオ番組「J-POP LEGEND FORUM」の「サザンオールスターズ特集」でそう言った。『KAMAKURA』には語り継がれるいくつものエピソードがある。その最たるものが「1800時間」というレコーディング時間の長さだろう。1日10時間使ったとしても180日。その間にツアーも行われている。

どうやって時間をつくったのかと素朴な疑問をぶつけると、池村は「最後は青山のビクタースタジオを3部屋押さえて、詞を書くのと歌入れとミックスを同時にやっていました」と答えた。

誰もが衝撃を受けたのが1曲目の「Computer Children」だった。全面的に取り入れられたデジタル加工はバンドが全く新しい扉を開けたことを物語っていた。シンセサイザーやマシンの音のコラージュの中をドラムやベース、ピアノ、アフリカンビートが飛び交う。歌詞には外に出ない子どもたちへの風刺も込められている。

近未来のデジタルサウンドと、バンドの生音が激突

サザンオールスターズのアルバム
『KAMAKURA』

するアルバム全20曲に詰め込まれたサザンオールスターズの現在地。英語とも日本語ともつかない「桑田語」がサザンならではの「無国籍感」を醸し、その一方で過剰な音を排した屈指の名曲「メロディ（Melody）」や、後の「サスペンスドラマ調」のはしりといえる「死体置場でロマンスを」、初のバースデーソング「Happy Birthday」もある。「吉田拓郎の唄」は、「引退」をうわささされた拓郎への思いを込めたものだ。「鎌倉物語」は原由子（1956～）が「産休」中のために自宅に機材車を横付けして録音されている。

バンドの総力戦のようだった2枚組み。アルバム発売後にアフリカ・セネガルのグループ「トゥレ・クンダ」との野外公演を行い、バンドは活動を休止。メンバーはソロ活動に向かった。『KAMAKURA』の広告に使われていた「国民的バンド」という言葉は、あの時が最初だったのではないだろうか。

当時はユーモアも込めて使ったと感じられたそんな言葉が、今や彼らの輝かしい代名詞になった。

NOKKOの言葉で歌う「女子」の日常

アルバムがロックバンド初のミリオンセラーになったREBECCA

「フレンズ」

どの漫画家の何の作品だったかまでは覚えていないのだが、ロックバンドREBECCAを意識するきっかけは少女漫画だった。

何げなく目にした漫画の吹き出しに「レベッカの新曲、聞いた?」というせりふがあり、その後に曲の歌詞についてのやりとりが続いた。その曲が1985年10月発売の「フレンズ」だった。

80年代後半のバンドブームが、それまでの同様の現象と決定的に違ったのは「女性メンバー」の存在だった。彼女たちの日常を歌った曲をロックバンドが演奏する。何よりも女性が観客でなくステージで演奏する側に回っていた。そんな姿に刺激された、それまで楽器も持ったことのない10代の少女たちにバンド熱が広がっていった。その火付け役となったのがレベッカである。

メンバーはボーカルNOKKO(1963〜)、キーボード土橋安騎夫(どばしあきお)(1960〜)、ベース高橋教之(のりゆき)(1959〜)、ドラム小田原豊(1963〜)。当時はギタリストに古賀森男(こがもりお)(1961〜)も在籍していた。

「フレンズ」は、作詞がNOKKO、作曲が土橋、バンドによるオリジナルである。ボーイフレンドと初めて唇を交わした時の罪悪感をつづった歌詞。8ビートのロックでありながらシンセサイザーの音色が繊細な憂いを漂わせているサウンド。NOKKOのあどけなさを残したボーカルとともに、それまでのロックバンドとは明らかに違った。

REBECCAのシングル
「フレンズ」

80年代後半に頭角を現したバンドの多くは、メンバーチェンジという転機を経験している。82年に、後に、「ＲＥＤ ＷＡＲＲＩＯＲＳ」を結成するギタリストの小暮武彦（１９６０〜）を中心にギターロックのバンドとして結成されたレベッカがシンセサイザーを軸にしたサウンドになったのは、小暮とドラムの小沼達也（１９５９〜）が抜け、土橋がリーダーになった85年5月発売の3枚目のアルバム『ＷＩＬＤ＆ＨＯＮＥＹ』からだ。

彼らを初めて見たのは同年12月25日の渋谷公会堂。それまでは日本青年館が最大の会場だった彼らにとって、晴れの大ホールだった。バレリーナのように丈の短い衣装を着たＮＯＫＫＯが、チョウのように舞い踊りながら歌う。幼稚園の時からクラシックバレエを学んでいた素養が、バンドの音の中で水を得た魚のように開花するステージは、「フレンズ」のカップリング曲「ガールズ ブラボー！」そのものだった。

当時は一部が映像化されているだけだった渋谷公会堂の模様は２０１７年にコンプリート版『REBECCA LIVE '85-'86 −Maybe Tomorrow & Secret Gig Complete Edition−』として発売、その時のエネルギッシュなパフォーマンスを見ることができる。

「フレンズ」収録の4枚目のアルバム『REBBECCA IV Maybe Tomorrow』は85年11月に発売され、ロックバンド初のミリオンセラーを記録、翌年にわたってアルバムチャートにランクされる記録的なロングヒットとなった。

「素人の時代」の始まり
おニャン子クラブ「セーラー服を脱がさないで」

「セーラー服を脱がさないで」

歌謡曲やポップスの卒業ソングに「セーラー服」に象徴される制服は欠かせない。松本隆が書いた82年の松田聖子の「制服」や85年の斉藤由貴（1966〜）の「卒業」、「セーラー服」という言葉こそ出てこないが、中島みゆきが柏原芳恵（1965〜）に書いた83年の「春なのに」など、当時もその多くはノスタルジックな青春のシンボルとして扱われていた。

対照的に尾崎豊の代表作「卒業」や「ハイスクール Rock'n'Roll」は学校の窮屈さを歌い、「画一性」や「束縛」の象徴としての制服に違和感や反感を持つ若者の熱烈な共感を呼んだ。

では、85年7月に出た「セーラー服を脱がさないで」はどうだったか。

歌うのは「おニャン子クラブ」。同年4月に放送開始のテレビ番組「夕やけニャンニャン」

のオーディションに応募してきた女子高生たちによるアイドル集団だ。80年代前半にブームになった女子大生番組の高校生版として、どこにでもいそうな女の子たちの出演で人気になった。「セーラー服を脱がさないで」は番組のテーマ曲だった。

作詞は番組のブレーンとしても参加していた秋元康（1958～）。高校生の時に募集していたわけでもないのにニッポン放送に台本を送り、やがて放送作家の仕事を開始。テレビの「ザ・ベストテン」などの構成を手がけていた。

秋元はシングルチャート1位を記録した小泉今日子の85年11月発売「なんてったってアイドル」の詞も書いている。同曲を作曲した筒美京平は秋元について89年、筆者のインタビューでこう話していた。

「秋元君はおニャン子でテレビに素人の時代を持ち込みましたね。彼が出てきた時にそれまでの時代の文化が終わった。松本（隆）君にはその前の学生運動の文化を引きずっている感じがありましたけど、秋元君には全くなかった。あ、時代が変わったと思いました」

尾崎の歌詞が80年代半ばの若者たちの突出した感受性の表れだったとすれば、秋元の作品は良くも悪くも平均的な若者の日常や願望を反映していた。

「セーラー服を脱がさないで」の、今では問題視されそうな「脱がさないで」という表現も、当時はかわいらしい色気を感じさせるといわれ、その後のおニャン子ブームの始まりとなった。

おニャン子クラブは本体だけでなく、派生ユニットの「うしろゆびさされ組」や、工藤静香

（1970〜）、国生さゆり（1966〜）、渡辺満里奈（1970〜）らメンバーのソロ活動も含めて86年のチャートを席巻し、翌年解散した。

秋元がおニャン子クラブの経験を基にしたと思われるアイドルグループ「AKB48」をプロデュースするのは、ずっと後のことだ。

HOUND DOGのひたむきな力強さ
仙台と東京の2拠点活動に終止符を打ち、再起を懸けて

一度はバンドの存続に関わるようなメンバーチェンジを経て成功したバンドに、1985年8月にシングル「ff（フォルティシモ）」（作詞・松尾由紀夫、作曲・蓑輪単志）を発表した「HOUND DOG」がいる。

ボーカルの大友康平（1956〜）が東北学院大在学中に仲間と結成。ギターの八島順一（1956〜）、キーボードの蓑輪単志（1959〜）らとともに80年3月、「嵐の金曜日」でメジャーデビューした。

筆者が初めて彼らを見たのは、79年に行われた内田裕也（1939〜2019）の日本武道館コ

「ff（フォルティシモ）」（『HOUND DOG ULTIMATE BEST』より）

ンサート「ロックンロールＢＡＫＡ」でだ。何の紹介もなくいきなりトロッコのような台車に乗って登場して歌う姿は「何者？」という感じだった。

レコード会社の鳴り物入りだったにもかかわらず、売れ行きは芳しくなかった。彼らはデビュー後も仙台に住んだまま活動していた。仙台の野外フェスの先駆けとして81年に始まった「ロックンロール・オリンピック」は、東北のシーンを盛り上げたい大友のプロデュースだった。大友は定期的に上京してメディアの取材をこなした。筆者もインタビュアーの一人として、東京で彼と会っていた。

携帯電話やメールもない時代だ。仙台と東京の2拠点活動で、レコード会社やメディアとのコミュニケーションなど思うようにいかないことも多かった。83年に全面的な上京を決断。これが決定的な転機になった。地元にこだわり、東京でのプロ活動に難色を示すメンバーの一部が袂を分かち、元「ツイスト」のベース鮫島秀樹（１９５５～）、オーディションで選ばれたドラム橋本章司（１９５６～）、ギター西山毅（１９６２～）を新たに加えた。

代表曲となった「ff（フォルティシモ）」は、新メンバーになって再起を懸けた作品だ。エルビス・プレスリーの代表曲をバンド名にした彼らならではのロックンロールという、デビュー当時のイメージが、拳を握りしめるような力強いロックに変わった。

バンドが経験した挫折や決別。そこから自らを鼓舞しながら立ち上がってゆくような重量感のある曲調は、青春色の強かった80年代前半のロックにはない「ひたむきな泥くささ」にあふれていた。「ff（フォルティシモ）」を収録したアルバム『SPIRITS!』はバンドも予想していなかったアルバムチャート2位にランクされ、「第2章」が始まった。

ハウンド・ドッグの最大の功績は「ライブの大衆化」だろう。「人口5万人以上の街には全部行く」という全国津々浦々のツアーや、球場でのコンサートや、地元に密着した町おこしライブ。そんな地道な活動をしながら音楽シーンの最前線に躍り出るのが、翌86年だった。

「翼の折れたエンジェル」

ガールズロック時代へ
中村あゆみ「翼の折れたエンジェル」

歌手になるための道筋は時代によって変わる。女の子の場合、1970年代から80年代の前半までは、テレビのスカウト番組やレコード会社のオーディションに合格してアイドルになるというのが通例だった。

それが変わった。

先鞭をつけたのは85年に劇的なブレイクを果たしたレベッカ。女の子もバンドを組んでプロになれる。ともすれば「怖い世界」というイメージもあった旧来の「芸能界」に入らないでも、夢を叶えることができる……。

バンドこそ組んでいないが、84年9月にデビューし、翌年4月に3枚目のシングル「翼の折れたエンジェル」を発表した中村あゆみもそうした時代を反映している。66年生まれ。デビューした時は高校3年生。少女のあどけなさを残したパワフルなハスキーボイス。レコード会社が発足したばかりの新興レーベルというハンディがありながら、CMソング（日清カップヌードル）の効果や日比谷野音で行われたレベッカとの共演

中村あゆみのシングル
「翼の折れたエンジェル」

も評判になり、同曲はこの年を代表するヒットになった。

彼女は、幼い頃に両親の離婚を経験するなど複雑な家庭環境に育った。大阪で暮らしていた中学時代には女友達をいじめた男子の前歯をたたき折ったなど、武勇伝は数多い。86年当時、筆者のインタビューに「自分の教室にいるより学校の生活指導の相談室にいることの方が多かった」と言った。それでいて小学生の時に洗礼を受け、週末は教会に通う信心深いクリスチャン。彼女の言葉を借りれば「平日は悪魔で週末は天使」だった。

10代で福岡から上京してきたのは、母親のつてでアイドルとしてデビューする話があったからだ。彼女はその話を自分から蹴ってしまった。契約書にあったタレント管理のためのさまざ

まな制約に反発したのが理由だった。

親の援助は途絶えてしまったため、定時制高校に通い、時には肉体労働もしながら自活していた。「翼の折れたエンジェル」を作詞作曲したプロデューサーの高橋研（1956〜）と出会った時は、貴金属店で働いていた。

高橋は行きつけのスナックで彼女の歌を初めて聴いた時に、ステージで歌う姿までイメージできたという。シンガー・ソングライターとしてデビューしたが挫折し、アルフィーの「メリー・アン」などの作詞で再起を図っていた彼の、初の本格的なプロデュース。今は自分で「翼の折れたエンジェル」を歌っている彼から「付き合っていた彼女に去られた時に失意の中で書いたもので、自分で歌おうとしていた曲」と聞いたのは、最近のことだ。高橋と中村はともに「翼が折れた」者同士だった。もし中村が従来のアイドルとしてデビューしていたら、出会うことがなかった歌だったのではないだろうか。

アイドルからガールズロックへと時代が変わってゆく。その新しい流れを決定づけたのが、85年10月にデビューアルバム『eyes』を発売した渡辺美里（1966〜）だった。

「ロックを母乳に育つ」

渡辺美里の『eyes』

「死んでるみたいに生きたくない」

渡辺美里のことを意識させられたのは1985年6月に東京・国立競技場で行われたイベント「ALL TOGETHER NOW」の後だ。同年5月にシングル「I'm free」（日本語詞・康珍化、作曲・ケニー・ロギンス）でデビューしたばかり。まだ単独の出演者として名を連ねられる存在ではなかった。その日のトリを務めた佐野元春と同じ事務所「ハートランド」の先輩アーティスト、白井貴子のバックコーラスとして参加していた。

ステージで名前を紹介されたかどうかの記憶はない。ライブの模様を放送したラジオ局の制作スタッフの間で「バックで歌っているあの子、誰?」という声が広がった。声量や存在感が際立っていた。

「10歳の時に歌手になろうと思った」という彼女のデビューのきっかけは、松田聖子も応募した集英社とCBS・ソニーが主宰する「ミス・セブンティーン」のコンテストで最優秀歌唱賞を受賞したことだ。面接で「好きな音楽は?」と聞かれて「セックス・ピストルズ」と答えて審査員を驚かせた話は有名だ。高校時代の彼女は、女の子の友人とパンクバンドを組んでいた。

彼女のデビューには、そうしたいくつもの逸話が残っている。初めてのレコーディングが都立高校の卒業式の日で、終わってから友人と原宿を歩いていたところ、当時の所属事務所の社長にタクシーに乗せられて、そのままスタジオへ向かった。初めての経験にもかかわらず、はだしで踊りながらマイクをわしづかみにして歌ったという。

当時の資料には、「ロックを母乳に育ちました」というキャッチコピーが載っている。自分で書いた「家系図」は「母」がダイアナ・ロスで「父」がミック・ジャガー、「姉」がジャニス・ジョプリン、「祖母」はビリー・ホリデイ、「祖父」はバディ・ホリー、「育ての母」はクリッシー・ハインドとなっている。

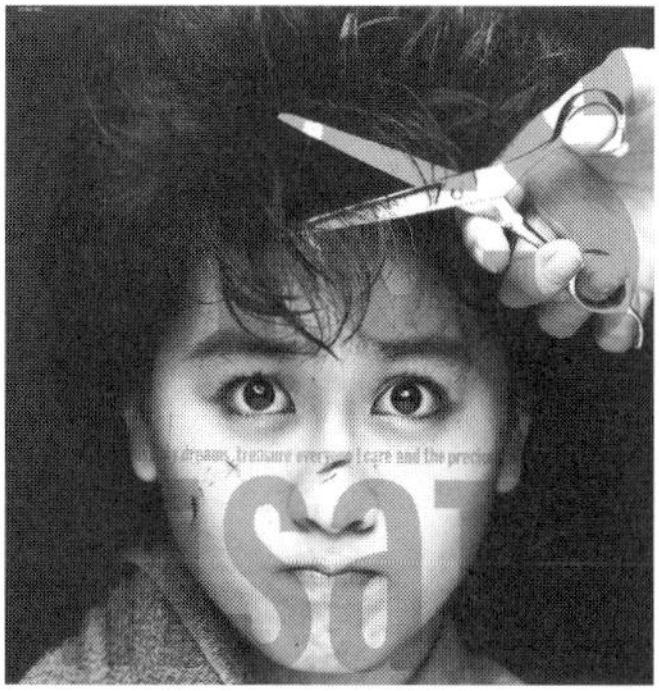

渡辺美里のアルバム『eyes』

特筆しなければいけないのは、10月に出たデビューアルバム『eyes』だ。全11曲。作曲には先輩の白井貴子を筆頭に、デビュー2年目のTMネットワークの小室哲哉と木根尚登、すでにピアノで歌う男性シンガー・ソングライターとして注目されていた大江千里（1960〜）、デビュー前の岡村靖幸（1965〜）ら若手クリエイターが並んでおり、演奏もドラムの島村英二、山木秀夫（1952〜）、青山純（1957〜2013）、ベースの後藤次利、美久月千晴（1957〜）、富倉安生（1951〜）、ギターも鈴木賢司（1964〜）、大村憲治、鳥山雄司（1959〜）、佐橋佳幸（1961〜）、今剛、北島健二（1958〜）と名だたる顔ぶればかり。当時は最前線の若手で、今も活躍する大御所たちが加わっていた。ジャケットのイメージは、美里の希望で「U2」のアルバム『BOY』をモチーフにしたものだった。

ガールズロック開花——。アルバム収録曲で美里が「この曲でデビューしたかった」と言った「死んでるみたいに生きたくない」を書いた小室哲哉が作曲した「My Revolution」が発売されるのは翌86年1月だった。

「負けるもんか」

「公園通りを攻め上っていきます」
男女ツインボーカルの新しい魅力、BARBEE BOYS

1980年半ばから始まったバンドブームはそれまでになかったさまざまなタイプのバンドを登場させた。その一つが、85年11月に2枚目のアルバム『Freebee』を発売したBARBEE

BOYSだ。

メンバーはボーカルとソプラノサックスのKONTA（1960～）、ボーカルの杏子（1960～）、ギターのいまみちともたか（1959～）、ベースのENRIQUE（1964～）、ドラムの小沼俊明（1962～）の5人組。84年にデビューした。

彼らの最大の特徴はKONTAと杏子という男女のツインボーカルだった。歌謡曲の男女デュエットのように、和気あいあいと一緒に歌ったりはしない。それぞれが男性と女性の気持ちを代弁している。

たとえば『Freebee』発売翌年の86年に12インチシングルにもなった収録曲「負けるもんか」（作詞・作曲　いまみちともたか）は、女性が夜中に男性の部屋に電話をかけ、「泊めてくれる?」と迫る歌だ。

大半を歌うのは杏子で、突然の成り行きに動揺しながら「あぶないぜ」「負けるもんか」と自分に言い聞かせているのがKONTA。彼の吹くソプラノサックスが穏やかじゃない複雑な心理を感じさせる。男女それぞれの立場の思惑や心情が歌詞になっている。

85年2月に出たファーストアルバム『1st OPTION』の中の「ふしだらVSよこしま」（作詞・作曲　近藤あつし）

BARBEE BOYSの12インチシングル
「負けるもんか」

もそんな例だ。物憂げなメロディーと踊るようなリズムに絡むギターのリフレイン。男と女の「下心」の探り合い。歌謡曲の男女のデュエットソングとは一味も二味も違うなまめかしさを発散した男女ツインボーカルのロックバンドは、前例が思い当たらなかった。

当時の筆者の手帳によると、彼らを初めて見たのは85年7月8日。場所は今はなくなってしまった東京・渋谷の東横劇場。新しいバンドを発掘する企画コンサートだった。対バンがデビューしたばかりの「ＥＣＨＯＥＳ」。後に作家になる辻仁成（１９５９〜）が率いていたバンドである。彼らを見に行ってバービーボーイズに強く引かれた。

忘れられないのは、杏子がそのステージで「公園通りを攻め上っていきます」と宣言したことだ。

渋谷には当時、「屋根裏」「ライブ・イン」「ラ・ママ」「エッグマン」といったライブハウスがひしめき合い、東京のライブシーンの新しい発信地となっていた。

渋谷駅から渋谷公会堂をかすめ、代々木公園に続いてゆく公園通りの坂道の先にはＮＨＫホールや国立代々木競技場がある。東横劇場はその起点だった。彼らが渋谷公会堂のステージに立つのは、２カ月半後の9月29日だった。

「時代」と「世代」と一体化した「カリスマ」
尾崎豊、10代最後のアルバム『壊れた扉から』

尾崎豊の10代最後となる3枚目のアルバム『壊れた扉から』は1985年11月28日、20歳の誕生日の前日に発売された。83年12月に出た1枚目『十七歳の地図』から丸2年しかたっていない。

改めてアルバムを聴きながら、彼のように劇的な10代後半を迎えたアーティストは他にいないのではないいだろうかと思った。

もちろん10代で一世を風靡した歌手は少なくない。ただ、尾崎はシンガー・ソングライターであり、単に歌うだけではない表現者でもある。さらには、望むと望まざるとにかかわらず「時代」と「世代」という個人ではどうにもならない背景と一体化していた。

名門私立高校の教育環境やバブルに浮かれる世相にもなじめなかった、彼自身の個人的な心情の吐露。信じられない大人たちの中で、自分らしく生きるためにはどうすればいいのか。そんな赤裸々な叫びは、同じような悩みを抱えていた同世代の熱烈な共感で迎えられた。当時、どこにでもいそうな傷つきやすい感受性と正義感の持ち主の彼を、「盗んだバイク」や「教室の窓ガラスを壊す」などの箇所を取り上げて「反抗のヒーロー」扱いすることに違和感を禁じえなかった。

とはいえ今振り返れば、メディアが彼を「カリスマ」と呼んだのもあながち的外れではなかったと思う。客観的に見ればそういう存在だったことは間違いないだろう。

尾崎にとってのその2年間がどんなものだったか。『十七歳の地図』の1曲目「街の風景」と、『壊れた扉から』の1曲目「路上のルール」からうかがうことができないだろうか。

「街の風景」では「夢」や「愛」のためにかけてみると歌い「心のハーモニー」を奏でることを呼びかける。雑踏の中をのら犬のようにふらつきながらも、これから始まることへの期待も感じさせる。

一方、「路上のルール」にそうした軽やかさはない。街ではたくさんの「夢」が流れ去ったことを知ってしまっている。本当の自分は「こんがらがっている」。描かれる街の風景は明らかに違う。

後に尾崎は「月刊カドカワ」90年7月号のインタビューで「路上のルール」について、「20歳になるという意味合いも込めて、何もかもゼロに戻して考え直してみたいと思った」と話している。

彼は、11月14、15日に代々木オリンピックプール（国立代々木競技場第一体育館）で10代最後を記念したライブ「LAST TEENAGE APPEARANCE」を行った。「求められる自分」を引き受けたような熱演は、20歳になろうとする若者とは思えない堂々と自信に満ちたものだった。打ち上げで「音楽業界に革命を起こします」と言った言葉が、忘れられない。
86年1月に福岡国際センターで開いたライブを最後に、尾崎は活動の無期限休止を表明、単身ニューヨークへ向かった。筆者が彼と再会したのは同年9月だった。

すさまじく面白い本格ファンクバンド
聴かせて、踊らせて、笑わせる米米CLUB、デビュー

「I・CAN・BE」

バンド「米米CLUB」を初めて見た時、最も驚かされたのは、その型破りなスタイルだった。何よりも通常の「音楽」という形に収まっていない。客席をどう楽しませるか。もっと言えば、自分たちがどう面白がれるかに徹していた。
1985年10月にアルバム『シャリ・シャリズム』、シングル「I・CAN・BE」でレコードデビュー。筆者が彼らを初めて見たのが、86年1月23日の東京・日本青年館。学園祭やライブハウスが多かった彼らにとって初のホール公演だった。
結成は1982年。艶っぽい色気を放つ二枚目のカールスモーキー石井（1959〜）と、無

米米CLUBのアルバム
『シャリ・シャリズム』

国籍風の衣装とド派手なメークを施したジェームス小野田（1959〜）。文化学院の音楽仲間だった2人のツインボーカルは、普通のバンドでいうボーカルという役割だけには全く収まらず、コントやギャグを連発して客席を笑いの渦に巻き込んでゆく。

それだけではない。女装したギタリスト、博多めぐみ（1962〜）などのメンバー7人以外にも、女性のダンスユニット「シュークリームシュ」や後に「ビッグ・ホーンズ・ビー」と名付けられるホーンセクションが加わったファンクサウンドは、本格的ソウルバンドの骨格を備えていた。それでいてオリジナル曲に混ざって演奏された山本リンダ（1951〜）のヒット曲「狂わせたいの」で客席が一緒に踊るシーンは、何が始まったんだと思うくらいに壮観だった。

「これが噂の新米感覚！」「おまたせ発売！」と書かれたデビュー時のパンフレットには、3日間のライブハウス公演のゲストミュージシャンが19人に上ったことや、東京・渋谷のライブハウス、エッグマンに業界関係者60人が集まったことが記されている。ライブでのうわさがうわさを呼ぶ中でのメジャー登場だった。

デビューアルバムについて、リーダーのベーシストBON（1960〜）は当時の雑誌のインタビューで「アマチュア時代にライブで盛り上がっていた曲を選んで、50～60曲をレコード会社の人に聞いてもらった」などと話している。

日によって演奏する曲も歌詞も、ＭＣも変わる破天荒なライブの面白さは、レコードだけでは体験できない。アルバムでそんな一端がうかがえるのが、英語の歌詞を途中から「アッカンベー」と歌う「Ｉ・ＣＡＮ・ＢＥ」だろう。

聴かせて踊らせて笑わせる異色の大所帯ファンクバンドのデビュー。筆者は当時音楽コラムを連載していた雑誌「噂の真相」86年3月号に「ともかくすさまじく面白い。こんなコンサートは初めて見た」と書いた。

その後も米米クラブのようなバンドが現れていないことが、彼らがいかにまれな存在かを証明していないだろうか。

1986年

ツアー「ON THE ROAD'86 "I'm a J.BOY"」での浜田省吾のステージ
提供：株式会社ロードアンドスカイ　撮影：田島照久

Amazon Music　Apple Music　Spotify

ボーカリストに徹するという決意

鈴木雅之「ガラス越しに消えた夏」でソロデビュー

「ガラス越しに消えた夏」

1980年代半ばに花開いたジャンルに、ソウルやファンク、リズム&ブルースなどのブラックミュージックに傾倒したアーティストの音楽がある。

「リズムに弱い」とされていた日本人にとってリズムを重視したそれらは、消化しにくい音楽だったと言っていい。70年代に大滝詠一や山下達郎、RCサクセションや上田正樹（1949〜）、Char（1955〜）など先駆的な試みをしている人たちはいたものの、「マニアックな音楽」という扱いと戦わざるをえなかった。

それが変わった。歌謡曲も含めたヒット曲の中に、そうした音楽に影響されたアーティストの作品が加わるようになった。

そんな新しい流れの中心にいたのが、86年2月にシングル「ガラス越しに消えた夏」とアルバム『mother of pearl』でソロデビューした鈴木雅之だった。

彼は、80年の章に登場した、「ランナウェイ」でシングルチャート1位を達成し、華々しいデビューを飾ったシャネルズのリーダーである。83年にグループ名をラッツ&スターに変えて

3年間活動したのち、85年に活動を休止。メンバーそれぞれがソロ活動に向かった。

鈴木は筆者のラジオ番組、FM COCOLOの「J-POP LEGEND FORUM」のインタビューで、自分のソロ活動に際し、二つのことを決めたと語った。一つは、リーダーとしてメンバーそれぞれのその後の方向が定まるのを見届けてから始めること。もう一つは「ボーカリストに徹する」だった。

シャネルズもラッツ&スターもシングルには湯川れい子、売野雅勇（1951〜）、井上大輔といった作詞・作曲家が関わっていたが、アルバムはそうではなかった。シャネルズの82年のアルバム『SOUL SHADOWS』のように、シングル曲やカバー曲以外の全曲が鈴木の作曲というアルバムもある。特にドゥーワップやソウルミュージック色の強い曲は、彼の手によるものが多かった。だが、ソロではそれを封印した。その意図を鈴木はこう言った。

「シンガー・ソングライターが書いた曲を自分のものにするのがボーカリストだと思った」

鈴木が「ガラス越しに消えた夏」の作曲とアルバムのプロデュースに起用したのは、やはりブラックミュージックに傾倒していた大沢誉志幸（2002年より大澤誉志幸・1957〜）。84年の「そして僕は途方に暮れる」のヒットで知られ、沢田研二の「晴れのちBLUE BOY」などの作曲でも注目されたシンガー・ソングライターだ。

ファンク新世代の登場。アルバムの作曲者には、この後「ファンクの旗手」として活躍する、メジャーデビュー直前の久保田利伸（1962〜）や、岡村靖幸も名を連ねていた。

命を宿す女性の「大きな歌」
松田聖子の代表曲となった「瑠璃色の地球」

「瑠璃色の地球」

歌い手の代表曲は、通常はシングルでヒットした曲であろう。チャート1位を獲得した曲が複数あるビッグネームならなおのことだ。

ただ、中にはそうではない曲もある。オリジナルアルバムの1曲として制作されたものが、ファンや関係者によって評価が高まり、いつしかその歌い手を代表する曲の一つになっていく。1986年6月に発売された、松田聖子の13枚目のオリジナルアルバム『SUPREME』収録の「瑠璃色の地球」がそうだった。

作詞家の松本隆がプロデュースした同アルバムに収録された全10曲に、シングルカットされた曲はない。しかも聖子は85年6月に結婚しており、その年のNHK紅白歌合戦を最後にテレビ出演やコンサート活動を休止中で、アルバムに関するプロモーション活動も一切行わなかった。にもかかわらず、『SUPREME』は、それまでのアルバムの中で最高のセールスを記録している。「瑠璃色の地球」は、その最後の曲だった。

作詞はアルバムの全ての詞を手がけた松本、作曲は後に井上陽水の「少年時代」の共作者として知られるようになる平井夏美。聖子が所属していたCBS・ソニーとはライバル関係にあったビクター音楽産業のディレクター、川原伸司（1950〜）のペンネームだった。

川原は2022年8月に出した自著『ジョージ・マーティンになりたくて』の中で「瑠璃色の地球」について、松本から「川原も書きなよ」と言われたと明かした。タイトルはすでに決まっており、「バラードで」という発注だったという。

ジョージ・マーティンとは「5人目のビートルズ」といわれた名プロデューサー。川原は業界屈指のビートルズ研究家でもあった。彼がこの曲を書く際にイメージしたのは、ジョン・レノンの「『イマジン』みたいな、普遍性のあるもの」だった。

ちなみに川原は、大滝詠一がプロデュースし、松本が作詞した金沢明子（1954〜）の「イエロー・サブマリン音頭」の制作も手がけている。彼はビクターとソニーを行き来して独立、90年代には中森明菜のアルバムの制作にも関わっている。

『SUPREME』は、聖子が妊娠中に作られたアルバムとしても知られている。松本は新しい命を宿す女性の、「もうちょっと大きな歌」として「瑠璃色の地球」を書いたという。筆者の取材に松本は「僕がメッ

松田聖子のアルバム
『SUPREME』

セージソングを書くとああなる」と言った。

歌い手としてだけでなく、一人の女性としての人間的な成長を踏まえた新しい歌。『SUPREME』はアイドルを脱皮した第2期松田聖子の幕開けとなり、「瑠璃色の地球」は教科書にも載る代表曲になった。

甲斐バンド、「花火のように」解散
5日間の武道館とシークレット・ギグ

「フェアリー(完全犯罪) Live at NHK HALL, 2001」


「消えるとか、なくなるとか、そういうトーンダウンした展開は嫌なんで、真夏の夜の花火のように、パーッと夜空に舞い上がって燃焼したい。甲斐バンドは、解散します」

甲斐よしひろは、1986年3月3日の深夜に青山のライブレストラン「CAY」で行われた新作アルバム『REPEAT & FADE』の完成記念パーティーでそう言った。

80年代には「三大解散劇」ともいえるバンドの解散があった。

一つは83年に幕を閉じたイエロー・マジック・オーケストラだ。世界的な成功とともに「テクノポップ」という新しいジャンルを開拓したパイオニア。彼らは「解散」と呼ばずに「散開」と呼んだ。

二つめが甲斐バンドである。年間100本前後のツアーを行い、79年からは毎年、日本武道館2日間公演を続け、「HERO（ヒーローになる時、それは今）」を1位に送り込み、海外レコーディングの歴史に残る3枚のアルバム「ニューヨーク3部作」も制作、80年代のバンドシーンを最前線で牽引していた。

解散の原因はギタリスト大森信和（1951〜2004）の耳の不調だった。甲斐バンドは福岡のライブ喫茶「照和（しょうわ）」に集まった音楽仲間で結成。74年にデビューして12年、5月に放送されたテレビのドキュメンタリー番組のタイトルは、「十二年戦争―栄光の軌跡―」だ。ギタリストを代えて続けるより幕を閉じるという決断だった。

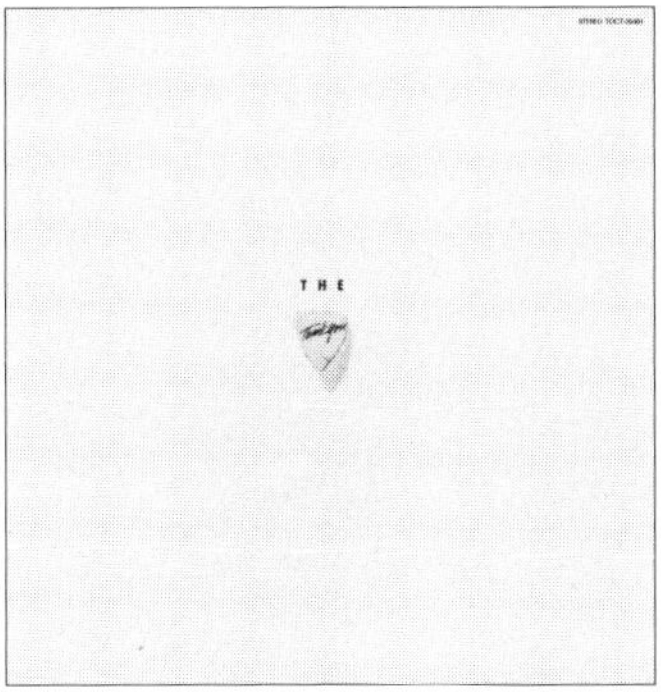

甲斐バンドのアルバム
『THE 甲斐バンド』

最後のアルバムとして、やはりニューヨークで仕上げた『REPEAT&FADE』は、メンバー各自が1枚ずつプロデュースした異例の12インチシングル4枚組み。「解散」とは銘打たれていなかったが、「旅立ちアルバム」という位置づけだった。

甲斐が「解散」の2文字を口にしたのは完成記念パーティーの時と自身のラジオ番組での2回だけだ。

3月13日の四日市市文化会館から始まったファイナル

ツアーのタイトルは「PARTY」。そのステージでも「解散」という言葉は口に出さなかった。武道館の歴史の中で、解散公演を5日間行ったのは、彼らが初めてだ。最終日となった6月27日、甲斐は嵐のような歓声の中で「サンキュー、じゃあね」と言ってステージを降りた。ライブの模様はアルバム『THE 甲斐バンド』（86年7月）に収められた。

ドラマはそれで終わりではなかった。2日後の29日、横浜市の黒澤フィルムスタジオで最後の「パーティー」となったライブ「シークレット・ギグ」が開かれた。20万通の応募から選ばれた千人を超える観客とバンドメンバー、関係者全員がフォーマルウエアで参加。ゲストとして中島みゆきと吉川晃司が花を添えた。

80年代の三大解散劇。その3つめの主役となったのが、人気絶頂の88年に解散したBOØWYだった。

感情を吹っ切っていくようなスピード感
BOØWY初の武道館ライブ

「B・BLUE」

コンサート会場が音楽の「定点観測」の場だと筆者に気づかせてくれたのが、1980年代だった。

そのアーティストやバンドがどう成長しているのか、音楽シーンがどう変化しているのか。同じ会場で見ているからこそ分かることがある。

典型的な例が、86年7月2日に行われたBOØWYの初の日本武道館コンサートだった。ボーカルの氷室京介がロック史に残る名言「ライブハウス武道館へようこそ」を口にしたことでも知られているライブである。

武道館では6月27日まで、甲斐バンドの解散コンサートが行われていた。それから5日後に登場したBOØWYはバンドの「ビート」が変わっていることを鮮烈に見せつけてくれた。

甲斐バンドには60年代から70年代のロックが根底にあった。日本でいえば、はっぴいえんど、海外ではローリング・ストーンズや「レッド・ツェッペリン」。歌い手や演奏者の思いがこもっているような、重心の低いビートが土台になっていた。

BOØWYはそうではなかった。「縦ノリビート」と呼ばれていた性急な8ビート。さまざまな感情を吹っ切ってゆくようなスピード感は、それまでに聴いていたロックバンドとは明らかに違った。

BOØWYのアルバム
『BEAT EMOTION』

80年代になってからの甲斐バンドは「ハードボイルド」をキーワードに、メロディーや演奏に「心情」や「物語」を託そうとしていた。対照的にBOØWYは、布袋寅泰が奏でるギターの切れの良いカッティングと、松井常松（当時は恒松）の無機質なベース、高橋まことの乾いたドラムが引っ張ってゆくバンドサウンドで、それはまさに「ビートバンド」ならではだった。観客も、「聴き入る」というより「踊る」ことを優先している。男性ファンの「甲斐！」という感極まったような声が飛び交っていた甲斐バンドの解散公演とは打って変わって、明るい嬌声（きょうせい）があふれてゆく。

わずか1週間の間に行われた二つのコンサートの違いには、時代が変わる現場に立ち会ったという実感があった。

BOØWYはブレイク前のライブやツアーの冠に使うなど、自分たちの思い入れが強い言葉をタイトルにしたアルバム『BEAT EMOTION』を86年11月に発売。アルバムチャート1位を達成して時代の変化を決定づけた。

ただ、そうした成功に甘んじていないのが彼らだった。

オメガトライブの鮮やかなボーカル交代劇

1986オメガトライブ『Navigator』

「君は1000%」

解散したバンドの再デビューは珍しくない。でも、解散した直後に同じバンド名のまま新しいボーカリストで再出発して成功した例は多くない。1986年5月にシングル「君は1000%」でデビューし、7月にアルバム『Navigator』を発表した「1986オメガトライブ」はその数少ない例だ。

「オメガトライブ」は83年「杉山清貴&オメガトライブ」としてデビュー。夏やリゾートを舞台にしたポップソングで人気になり、85年12月に解散した。

彼らのプロデューサーだった藤田浩一（ふじたこういち）（1947～2009）が、バンドのメンバーを残しつつ、ブラジル出身のカルロス・トシキ（1964～）をボーカルに据え、改名したのが、1986オメガトライブだ。

「日本に来て一番驚いたのは音楽をジャンルで分けていることだった」

カルロスは筆者の取材にそう言った。藤田がカルロスに最初に聞いたのが「8と16、どっちが得意?」という質問である。簡単にいえば8ビートはロック系、16ビートはブラックミュージック系ということになる。杉山清貴時代は「8」が主体だった。「何を聞かれているのか、分からなかった」というカルロスは、とっさに「どっちも得意」と答えた。その方が有利と思ったからだ。

カルロスは64年、第二次世界大戦後すぐにブラジルに移民した日本人の二世として生まれた。育ったのは南ブラジルのパラナ州、マリンガ。実家はレストランを経営していた。童謡大会や教会の合唱コンクールなどで優勝した彼は、17歳の時にブラジルの歌謡コンクールで西城秀樹の「ブルースカイブルー」を歌って優勝。入学したばかりの現地の一流大学を辞めて来日。バイトをしながらデモテープを作るようになり、今で言うインディーズの形でシングルを1枚発表していた。

筆者は88年の彼の凱旋帰郷に同行、『ふたりのカルロス』という本を書いた。タイトルの「ふたり」は、ブラジルにいた頃の彼と来日後の彼という意味だ。現地ではポルトガル語のFMラジオから英語のポップスが流れ、路上では少年がサッカーボールを蹴っていた。彼が通った小学校の校庭でサッカーボールを蹴った時の、心底嬉しそうだった表情は忘れられない。

3歳の頃からサンバを踊り、いつか父の故郷の日本に行って歌手になることを夢見ていた若者の歌は、明らかに「洋楽」育ちのリズム感を備えていた。それでいて英語とは違うポルトガル語のアクセントが、日本語にはない独特のグルーブになっていた。鼻にかかった甘く憂いのある日本語は、当時流行していたきらめくようなシンセサイザーにエコーのかかったサウンドと、16ビートによく似合った。

86年の年間チャートには杉山清貴時代の最後のアルバム『FIRST FINALE』と、この『Navigator』がそろってトップ20入り。史上まれなバトンタッチが成功した。


「My Revolution」

渡辺美里、19歳のみずみずしい日常と夢

10代アーティスト初の2枚組みアルバム『Lovin' you』

日本の音楽シーンにおいて、1986年はアルバム作品が最も充実していた年ではないだろうか。そのアーティストにとっての代表作、転機となった作品、そして歴史に残るアルバムが、それも「複数枚組み」という形で続々と発売された。

たとえば先述した甲斐バンドが解散に合わせて発売した12インチシングル4枚組みの『REPEAT&FADE』もそうだろうし、サザンオールスターズの桑田佳祐が1年間限定で組んだソロプロジェクト「KUWATA BAND」の2枚組みライブアルバム『ROCK CONCERT』がリリースされたのも86年だ。

女性アーティストの歴史の中で、触れなければいけないのが、7月に出た渡辺美里のアルバ

ム『Lovin' you』である。アルバム発売時に彼女は19歳。10代の邦楽アーティストが制作した初のオリジナル2枚組みだった。

同アルバムには彼女の初のナンバー1ヒットとなった「My Revolution」が収録されている。だが、同曲のアルバムの中の曲順は「DISC 1」の3曲目。いわば導入の1曲という扱いだった。

DISC 1が「HERE」、DISC 2が「THERE」と題された2枚組みの全20曲には19歳の女性のみずみずしい日常や夢や希望、大人と子どもの間で揺れ動く、その年代特有のけなげな願いが、一つの流れとなってつづられていた。

作曲は「My Revolution」を書いた小室哲哉が7曲、タイトル曲「Lovin' you」など8曲が、その年の12月にソロデビューする直前の岡村靖幸。2人が作家として全面的に開花したアルバムに、美里自身も初めて作曲で参加していた。

特に全10曲のうち7曲が彼女自身の詞だった「DISC 2」は聴き応えがあった。街の具体的な描写や、身の回りの小物を歌い込んだ日記のような生活感。デビュー前から抜きん出ていた歌唱力が、それぞれの曲の世界を際立たせていた。

『Lovin' you』はアルバムチャート1位を記録。レベッカの『REBECCA Ⅳ』や松任谷由実の『DA・DI・DA』、松田聖子の『SUPREME』などとともに年間チャート7位にランクイン。美里はいきなりトップアーティストたちと肩を並べた。

86年8月8日、アルバムを携え、西武球場で行った女性ソロアーティスト初のスタジアムコンサートはその後20年連続で行われ、「美里スタジアム伝説」として語り継がれることになった。

「自分は何者か」
浜田省吾の名盤2枚組み『J.BOY』

86年に発売された2枚組みアルバムに9月に出た浜田省吾の『J.BOY』がある。

彼は当時、筆者のインタビューでアルバムのテーマを「アイデンティティーと成長」と言った。音楽の取材で「アイデンティティー」という言葉を耳にしたのは、その時が最初だったと思う。

つまり「自分が何者であるかの確認」である。『J.BOY』は彼にとって10枚目のオリジナルアルバム。初のアナログ盤2枚組みでは、4つの面にそれぞれのストーリーがあった。

サイド1の1曲目「A NEW STYLE WAR」はヘリコプターの飛来音がオープニングだ。タイトルになった「WAR」はテロや原発事故など従来とは様相が変わった「新しい戦

「J.BOY」

浜田省吾の2枚組みアルバム
『J. BOY』

争」である。さらに「飽食の北」と「飢えた南」が生み出す差別や、暴力にさらされる地球を描いていた。僕らは今、どんな世界に生きているのかを俯瞰した、映画のファーストシーンのような始まりだった。

タイトルの「J.BOY」という言葉が歌詞に登場するのは同じサイド1の3曲目「AMERICA」だ。主人公は84年にロサンゼルスからサンフランシスコを旅する若者である。彼は窓に映った姿に、自分が「黒い目をしたJ.BOY」であると気づく。「J.BOY」は「JAPANESE BOY」の略だ。4曲目の「想い出のファイヤー・ストーム」は、アメリカの青春映画を思わせる。

浜田自身の青春を思わせたのがサイド3だった。「19のままさ」は予備校時代を歌ったものだ。70年代にライブハウスで歌われていた「遠くへ――1973年・春・20才」は、学園闘争の傷が残る73年当時のキャンパスが舞台。22歳という年齢が出てくるデビュー曲の「路地裏の少年」は、シングルではカットされていた、ライブハウス時代の長い歌詞のまま収録された。

アルバムの中では、過去だけでなく現在も描かれる。前述したように、彼は広島で被爆二世として生まれた。サイド4の冒頭の「八月の歌」は自動車修理工場で働く男の歌だ。自分たちが組み立てた車がアジアの街角で焼かれるニュースに、「広島」は「被害者」であると同時に「加害者」でもあると思いを致す。

その後のツアーで欠かせない曲となったタイトル曲「J.BOY」は、エコノミックアニマルそのままに、企業社会の生存競争に身を投じた若者たちの現実の姿だ。アメリカ文化の中で育った僕らは何者で、どこへ行こうとしているのか。その問いかけは、戦後生まれの若者にだけでなく、「日本」という国にも向けられているようだった。

アルバム『J.BOY』は彼にとって初の1位。それだけでなく4週連続を含む5週間1位を記録し、彼の代表作になると同時に日本のロック史に残る名盤となった。

アルフィーと10万人の大合唱
初のベイエリアライブで初披露「ROCKDOM―風に吹かれて―」

「ROCKDOM―風に吹かれて―」(『Alfee Get Requests!2』より)

1980年代半ば、音楽ファンの間で「アル中」という言葉がはやった。ロックバンドTHE ALFEEのライブを経験し、病みつきになってしまったファンらが、自分たちのことを「中毒」と自称したのだ。「アルフィー中毒」の略である。

ハードロックからアコースティックなフォーク、エレキギターの大音量と繊細なハーモニー。演奏や歌はもとより桜井賢、高見沢俊彦、坂崎幸之助の気さくなキャラクターが醸し出すユーモアや親近感。オリジナルだけではなく、物まねも披露する幅の広さ。曲を知っている人も、知らない人も楽しませるライブのスタイルはその頃も今も変わらない。

筆者が彼らのライブで最初に驚かされたのは、85年8月27〜29日に横浜スタジアムで行われた3日間の公演の最終日だった。

開演まで2時間近くあるのに、3人がアコースティックライブを行って客を迎えていた。ステージにいるのが本人たちだと気付くのに時間がかかった人もいたはずだ。ライブハウスで演奏しているかのようなくつろいだ姿は本番で一変、宮殿のような大掛かりなセットを駆使した壮大なロックショーを展開した。

彼らは当時、年間100本を超える精力的なツアーを敢行していた。その中での特別なイベントが86年8月3日に東京湾の埋め立て地で行われた「1986 TOKYO BAY-AREA」だった。

高見沢は今も、ステージで「ベイエリア」という言葉を使ったのは俺たちが最初だと笑う。周囲に雑草が一面に生い茂る広大な空き地に、五輪の聖火台を思わせる巨大なステージが出現。いくら歩いても会場に一向に近づけない距離の遠さと、どんなにジャンプしても全貌がつかめない10万人という観客の数にぼうぜんとした記憶がある。

日本人アーティストとして初めて、一夜で10万人を動員したコンサートの最後に初披露されたのが、同年9月に発売されたシングル「ROCKDOM－風に吹かれて－」だ。高見沢は曲間で「13年かけてこの曲にたどり着いた」と言った。

学生運動の余波でロックアウトされていた69年のキャンパスの日々。「俺達の時代を忘れないで」と繰り返される10万人の大合唱は、初めて歌われた曲だとは思えなかった。

69年は、アメリカでは約40万人を集めて「愛と平和と音楽の3日間」と呼ばれた野外音楽祭ウッドストック・フェスティバルが開かれ、日本では学生運動がピークを迎えた年だ。サブカルチャー誕生期への郷愁とそれを継承していく思い。早熟なロック少年の高見沢は、15歳だった69年に東京厚生年金会館で行われた「第一回日本ロック・フェスティバル」の客席にいた。その頃の時代への想いを80年代半ばに自分たちの音楽にした。時代の主役に躍り出た彼らが何を伝えたいかを再認識させられた夜になった。

長渕剛、頑強な肉体と強靭な精神へ
再起のアルバム『STAY DREAM』

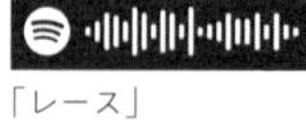
「レース」

筆者が1980年代に見た日本武道館公演で最も壮絶だったと思えるのが、86年1月22日、長渕剛の「HUNGRY」ツアーの公演だ。

長渕の80年の大ヒット曲「順子」に象徴される、生ギターで青春を歌うフォークシンガーというイメージは、アルバムごとに変わってきた。83年の『HEAVY GAUGE』は自身の離婚を背景にしていたし、84年の『HOLD YOUR LAST CHANCE』は、アメリカ・ロサンゼルスのミュージシャンと一緒に骨っぽいロックサウンドを作り上げ、フォークシンガーのイメージを一掃していた。

商業的な成功の意味を問いつつ、自分が歌うべきことを身を削りながら追い求めてゆく。前述した79年の吉田拓郎の野外イベント「篠島オールナイト」で浴びせられた「帰れコール」や、私生活を取り上げようとする週刊誌などのメディアにも立ち向かう。打ちのめされても、たたきつぶされても諦めない不屈の精神が歌になる。世間に同化できずに悶々(もんもん)とする無名の青春へのメッセージ曲「勇次」の入った85年のアルバム『HUNGRY』は、そうした作風の到達点のようだった。

86年1月の武道館公演の頃、長渕は何度も体調を崩していた。当時、雑誌「シンプジャーナル」に書いた筆者の記事には、長渕が病院のベッドから武道館のステージに向かったとある。客席から見ていても、彼があらん限りの力を振り絞って必死で歌っている様子が分かった。

ふらつく体をマイクスタンドで支えながら、無念の思いを叫んでいるようだったアンコール最後の「明日へ向かって」は忘れられない。予定されていた残りの20公演は中止となり、武道館公演がこのツアーの最後になってしまった。

発表された病名は「溶連菌感染症、糸球体腎炎」。7月に出たドキュメンタリービデオ『明日へ向かって・長渕剛　1985〜1986　長渕剛の記憶』には、病床の生々しい姿も記録されていた。

そこからの再起のアルバムが、86年10月発売の『STAY DREAM』だ。病床で書かれた1曲目の「レース」は原点に返るかのように、ギターの弾き語りで「自分に負けた」と歌っていた。

筆者がこのアルバムについて「シンプジャーナル」でインタビューしたのは、11月から始まる生ギターだけのツアー「STAY DREAM」のリハーサルの

長渕剛のアルバム
『STAY DREAM』

4日目。彼は点滴を打ちながら回った「HUNGRY」ツアーについて、「不整脈で呼吸困難になった」「ツアー中に3回倒れた」などと赤裸々に語った。その記事にはこんな見出しがついていた。

「このアルバムの中で彼は、裸のままで立っている」

頑強な肉体と強靭な精神の獲得――。

心身ともに、新たなチャレンジが始まった。

艶のあるハスキーボイスのラブソング
渾身の3枚組みアルバム『安全地帯V』

1986年の夏に話題になったコンサートに、井上陽水と安全地帯のジョイント公演「スターダスト・ランデヴー」がある。8月20、21日、東京の神宮球場で行われた初の音楽コンサートだ。

安全地帯は、81年に陽水のコンサートのバックバンドに起用されて知られるようになった。前述したように初の大ヒット曲となった「ワインレッドの心」は作詞が陽水、作曲がバンドの

井上陽水、安全地帯
「夏の終りのハーモニー」
(『ALL TIME BEST』より)

ボーカル玉置浩二である。

バックバンド起用から5年、成功の証しとなったステージで披露された新曲が「夏の終りのハーモニー」だ。作詞作曲は「ワインレッドの心」と同じ組み合わせだが、こちらは2人が一緒に歌った。

「夏の終りのハーモニー」は同年12月に出た安全地帯の5枚目のアルバム『安全地帯V』に収録された。特筆すべきは、『安全地帯V』が「夏の終りのハーモニー」に頼ったアルバムではなかったことだ。

発売当時のアナログ盤では3枚組み。国内だけでなく、彼らにとって初めて海外でも録音された36曲のうち、「夏の終りのハーモニー」など2曲を除いた34曲は松井五郎（1957〜）が作詞を手がけた。84年から安全地帯の作品に関わり「6人目の安全地帯」と呼ばれた作詞家だ。

ほぼ全曲がラブソングで、それぞれが独立した曲でありながら4分を超える曲は数えるほど。2分から3分台の曲が組曲のように連なっていた。

選び抜かれたメロディーのエッセンスと、連作詩を

安全地帯のアルバム
『安全地帯V』

思わせる官能的な言葉。耳元でささやくようで、息遣いまでも感じられる玉置の艶のあるハスキーボイスは、効果的なシンセサイザーとも相まって、ロックバンドの枠に収まらない、渾身のラブソング・アルバムとなっていた。

前にも触れたが複数枚組みのアルバムを語る時に、必ずと言っていいほど例に出るのが68年発表のビートルズの『ザ・ビートルズ』。通称「ホワイトアルバム」と呼ばれる全30曲の2枚組みである。メンバー4人が自由な創作姿勢を貫き、ヒット曲からは見えないバンドの全体像を再認識させた。

安全地帯の『安全地帯V』も「ホワイトアルバム」同様に、自分たちが作りたい音楽に総力を注ぎ込んでいる。バンドにとって、一つの集大成となった。

翌87年、玉置がソロアルバムを発売し、88年に活動休止を宣言した安全地帯。陽水との夢の舞台が叶い、記念碑的アルバムを出した86年は、彼らにとって転機となった。

憂いとはかなさの歌姫、中森明菜

2年連続レコード大賞の「ミ・アモーレ」と「DESIRE－情熱－」

「DESIRE－情熱－」

１９８５年のレコード大賞を受賞した中森明菜の「ミ・アモーレ」（作詞・康珍化）を聴いた時に、作編曲が松岡直也（１９３７〜２０１４）だったことに驚かされると同時に、納得した記憶がある。

松岡はビートルズ世代より上の37年生まれ。歌謡曲の作曲家としてより、日本のラテン音楽の第一人者として、海外でも知られた存在だったからだ。

彼が82年に発表した、歌のないインストゥルメンタルアルバム『ＴＨＥ ＳＥＰＴＥＭＢＥＲ ＷＩＮＤ』は大滝詠一や山下達郎に始まったリゾートブームの中で、異例の大ヒットを記録していた。

日本の歌謡界にとってラテン音楽は遠い存在ではなかった。歌のバックや音楽番組の演奏を支えていたバンドの中には「有馬徹（ありまとおる）とノーチェ・クバーナ」や「見砂直照（みさごただあき）と東京キューバン・ボーイズ」など、ラテン系ビッグバンドがあった。

バンドだけではない。美空ひばり（１９３７〜１９８９）の「お祭りマンボ」やフランク永井（１９３２〜２００８）の「霧子のタンゴ」から皆川おさむ（１９６３〜）の「黒ネコのタンゴ」、松平健（１９５３〜）の「マツケンサンバ」に至るまでラテン系を思わせるオリジナル曲は無数にある。ザ・ピーナッツのレパートリーには、ラテンのカバーもあった。78年の八神純子（１９５８〜）の大ヒット曲「みずいろの雨」には、サンバホイッスルも使われていた。ラテン系の音楽と日本の歌謡曲の親和性はリズムだけではない。曲に漂う「憂い」だ。マイナーな情緒をリズムで発散してゆく快感は「親しみやすさ」にもつながっていた。

明菜は、キャリアを重ねるごとに憂いの度合いを増してきた。常に比較される松田聖子が「明るさ」を基調としてきたのと対照的だ。聖子の曲が明るさと切なさのバランスで成り立っているとしたら、明菜の曲は憂いとはかなさだろう。その度合いが深まるにつれ、彼女の声も低くなっていった。そうやって「大人っぽさ」を備えていった女性アイドルは、他に思い当たらない。

86年の日本レコード大賞は、同年2月に発売された「DESIRE–情熱–」(作詞・阿木燿子)だった。同賞が59年に始まって以来、2年連続で大賞を受賞した女性歌手は彼女が初めてだ。

作曲は鈴木キサブロー(1953〜)。ブルースギタリストに憧れ、ちあきなおみ(1947〜)らのバックを経て、吉田拓郎の曲で知られる作詞家、岡本おさみの推薦で作曲家になった。ラテンとブルースは、明菜の「憂いの歌姫」という路線を決定付けた。

レコード大賞の最優秀アルバム賞は聖子の『SUPREME』。大みそかの授賞式には出産したばかりの彼女が生出演した。86年は、アイドルの頂点を極めた2人の成長した姿で幕を閉じた。

1987年

伝説となった熊本県のオールナイトコンサート「BEAT CHILD」のパンフレット

Amazon Music

Apple Music

Spotify

ミュージシャンのショーケンは「月」

萩原健一の「愚か者よ」

「愚か者よ」
（『Straight Light（2017 Remaster）』より）

いつの時代にも、その時を代表する対照的な色合いの2人がいる。たとえば吉田拓郎と井上陽水、松任谷由実と中島みゆき、松田聖子と中森明菜らだ。

そういう組み合わせで忘れてはいけないのが、沢田研二と萩原健一（1950〜2019）だろう。グループサウンズ（GS）の人気を二分したザ・タイガースと「ザ・テンプターズ」のボーカル「ジュリー」と「ショーケン」である。

1970年代の初めには2人がツインボーカルの「PYG（ピッグ）」というスーパーバンドもあった。メンバーは「ザ・スパイダース」の井上堯之（いのうえたかゆき）（G・1941〜2018）、大野克夫（KEY・1939〜）、テンプターズの大口広司（ひろし）（D・1950〜2009）、タイガースの岸部修三（おさみ）（B・1947〜）らGSのスターたちだ。ただロックバンドとしては時期尚早で、バンドは解散。2人は別の道をたどった。

沢田は「勝手にしやがれ」でレコード大賞を受賞。萩原は「傷だらけの天使」や「前略おふくろ様」などのテレビドラマで個性的な演技を確立、音楽でも「柳ジョージ&レイニーウッド」とのライブアルバムの名盤『熱狂雷舞』を残している。

ただ、80年代以降の萩原は、大麻の不法所持や飲酒運転などの不祥事で活動休止を余儀なくされた。当時発売した自伝のタイトルは『俺の人生どっかおかしい』。スターだったジュリーを「太陽」とするならば、ショーケンは陰のある「月」というイメージが決定付けられた。

84年3月に発売した復帰アルバム『サンキュー・マイ・ディア・フレンズ』を携えてのツアーに筆者は同行取材をした。以前から組んでいるギタリスト・速見清司（1951〜）ら気心の知れたミュージシャンたちとこのツアーのために結成したバンドで、スキャンダラスなイメージを音楽で拭い去ろうという迫真のステージが展開された。

ショーケンの最大の魅力は、歌うとも語るともつかない抑揚のドラマチックな歌いっぷりだろう。指の先までが歌っているようなアクションも交えた演技力は、当時、群を抜いていた。

そうした歌唱法のヒントになったのが、劇的な歌唱で知られていた宝塚出身のシャンソン歌手、越路吹雪（こしじふぶき）（1924〜1980）だという。当時のバンド名「ブラック＆マルロー」はピカソと並ぶキュービズムの創始者、画家のジョルジュ・ブラックとフランスの作家のアンドレ・マルローから付けたと聞いて、その博識ぶりに驚かされた記憶がある。

87年1月、シングル「愚か者よ」が発売された。作曲は井上堯之、詞は作家の伊集院静（いじゅういんしずか）（1950〜2023）が伊達歩（だてあゆみ）の名で書いていた。先立つ同年元日には1カ所だけ詞が違う近藤真彦のシングル「愚か者」が出ており、2曲は大人になったマッチと本家の貫禄を思わせるショーケンの競作となった。同年のレコード大賞はマッチの「愚か者」。ショーケンはやっぱり「月」だと思った。

結婚か仕事か、揺れる時期に
岡村孝子が同世代の女性に向けた「夢をあきらめないで」

「夢をあきらめないで」

1980年代、女性の結婚適齢期を「クリスマスケーキ」にたとえるというバカバカしいジョークがまかり通っていた。「25日が境目」という意味だ。25歳は、女性にとって人生の転機とされていた。

岡村孝子は90年発売の「月刊カドカワ」の「総力特集」で、自身の代表曲「夢をあきらめないで」が収録された87年7月発売のオリジナルアルバム『liberté』について、こんな話をしている。

「この時私は二十五歳。周りの友だちと話をしていると、結婚か仕事か、仕事を続けていくとしたらどんなかたちでって、みんな、揺れ動いていた時期です」

岡村自身も、プライベートや仕事を含めた自分のことに「はじめて正面から向き合って見つめようとしていた」という。

大学生だった82年、同じ大学の友人とのデュオあみんのデビュー曲「待つわ」が大ヒット。「女子大生ブーム」の象徴的な例となったが、翌年12月に活動を休止した。

当時のことを同誌で「悲しかったですね。せっかく自分の夢が叶ったのに、やめなきゃいけなかった」と語っている。アルバム『夢の樹』とシングル「風は海から」でソロデビューを果たしたのは、85年10月のことだ。

「夢をあきらめないで」は、87年2月にシングル発売になった。同時発売の企画アルバム『Andantino a tempo』にはあみん時代の曲も収録されており、再出発の区切りを感じさせた。『liberté』は「夢をあきらめないで」を軸にした、同世代の女性に向けた新作だった。

80年代は「夢」や「元気さ」が、健やかな若さとともに歌われた時代だ。87年7月にデビューした永井真理子（1966〜）の2枚目のシングルは「瞳・元気」。88年1月に出たアルバムのタイトルは『元気予報』。筆者も彼女のインタビュー記事に「元気印」という言葉を使った一人だ。

実を言うと「夢をあきらめないで」を聴いた時、筆

岡村孝子のアルバム
『liberté』

者には戸惑いのような拒否反応があった。筆者は当時40歳。もう若くはなかった。サビの「あなたの夢を――」という、計算を感じさせない「天の声」のような無垢な歌声に、痛いところを突かれたと思ったのだろう。

アルバム『liberté』は「愛」と「夢」の間で揺れ動く気持ちが歌われている曲が多い。周りの友人たちもそうだったに違いない。「夢をあきらめないで」は、そんな歌の主人公たちに向けられたようでもあった。

岡村孝子は87年にアルバムを3枚発売し、ソロとしての地位を確立した。２０１９年に公表した急性骨髄性白血病を克服、２０２１年コンサート活動に復帰。「25歳」の等身大のメッセージは今も聴く人を励まし続けている。

ドブネズミみたいに
真っすぐに自由にやさしい歌を。ブルーハーツの登場

１９８０年代に見た日比谷野音のライブで忘れられないのが、ロックバンド「ザ・ブルーハーツ」の87年7月4日の公演だった。

ライブはもとより、ブルーハーツはデビュー曲の衝撃という意味でも特筆しなければいけない。同年5月発表の「リンダリンダ」である。

彼らのうわさは2月に自主制作で発売していたシングル「人にやさしく」ですでに広まっていた。どこからメジャーデビューするのかという音楽業界の関心の中で、契約を獲得したのが、レコード会社としては発足したばかりの「メルダック」だった。バンドが出した条件は、「詞を直さない」ことだったという。

70年代にイギリスで生まれたパンクロックは「反抗」の代名詞だった。社会の不正や矛盾に真っ向から怒りをぶつける反逆の音楽だった。

THE BLUE HEARTSのシングル
「リンダリンダ」

デビュー前のブルーハーツはパンクと見なされていたが、彼らはそういうステレオタイプには収まっていなかった。「人にやさしく」は「ガンバレ！」と連呼する。歌の中の「僕」が好きな歌は「激しい歌」でも「踊れる歌」でもなく「やさしい歌」だ。世の中の矛盾の中でくじけそうになっている人や、優しくしてもらえない人に向けた歌。こんなにけれん味がなく、愛情のこもった真っすぐな〝頑張れ〟を初めて聞いた気がした。

「リンダリンダ」もそうだ。冒頭に出てくるのは「ドブネズミ」だ。それも「美しくなりたい」対象として歌われる。「ドブネズミ」が、社会で忌み嫌われる都会の厄介者ではなく、誰よりも優しく、温かい動物として扱われている。主人公の僕が「君」に知ってほしいのは「愛の意味」だった。

ファーストアルバム『ザ・ブルーハーツ』の中に「パンク・ロック」という曲がある。パンクが好きだということが屈託なく歌われ、友達ができたと書かれている。彼らが考えるパンクは「反抗の音楽」というよりも、「ドブネズミ」扱いされる若者たちが「友達と出会える音楽」なのだと思った。

87年4月、同じ日比谷野音で行われたバンド「ラフィン・ノーズ」のライブで、ステージに殺到した観客が亡くなる事故が発生。7月のブルーハーツの公演時は入り口を機動隊が固め、鉄柵などで仕切られた通路には数メートルおきに警備員が立って目を光らせていた。

ステージに現れたボーカルの甲本（こうもと）ヒロト（1963〜）はそんな客席を見て「みんな動物園のようなおりに入っている」と言いつつ、いつもの倍近くの曲を歌いまくり、こう言い放った。「この鉄のおりは人の心までも縛れんようじゃな」。パンクと呼ばれようと呼ばれまいと、彼らはロックの自由を体現していた。

語り継がれる伝説のライブイベント
「広島ピースコンサート」と「BEAT CHILD」

1987年8月、生涯忘れられない二つのライブを体験した。一つは5、6日の「HIROSHIMA 1987-1997」。「広島ピースコンサート」として知られる。

発起人代表は山本コウタロー。出演者は安全地帯、岡村靖幸、尾崎豊、久保田利伸、佐野元春、再結成されたツイスト、ハウンド・ドッグ、バービーボーイズ、ザ・ブルーハーツ、レッド・ウォリアーズ、「THE STREET SLIDERS」、渡辺美里ら20組以上。それぞれの所属事務所が異例の協力態勢を組み、実現した。会場はできたばかりの広島サンプラザだった。

キャッチフレーズは「平和がいいに決まってる!!」。老朽化が問題になっていた、被爆者が暮らす特別養護ホームの建て替え資金を捻出するため、10年で3億円を集めることを目標に始まった。筆者ら取材陣も発起人たちと一緒に、養護施設の現状を知るために既存の施設を見学に行った。収益を赤十字などの団体に寄付することが多い通常のチャリティーコンサートと違って、具体的な金額や目標を定めた大規模なコンサート自体、前例がなかったと思う。

「BEAT CHILD」のプレスパス

原爆が投下された6日の「平和記念日」の広島は、ライブ取材で何度も訪れた場所とは全く違った。

街中のアスファルトから霊気が立ち上るような空気には、自ずから厳粛な気分にさせられた。開演前には、ミュージシャンらと一緒に被爆体験の語り部の話を聴いた。どの出演者も「平和」についてステージで語った。事務所の垣根を越えてミュージシャンたちが社会的なテーマに向けて大集結したことは、日本のロックが成長したことを思わせた。広島ピースコンサートは、その後も会場をかえて行われ、目標額に達して幕を下ろしたのは95年だ。

もう一つが8月22〜23日に熊本県で行われたオールナイトイベント「BEAT CHILD」である。タイトルの発案は佐野元春だ。出演者は「広島」に出たバンドやアーティストの有志にBOØWYらが加わった13組だった。

会場は阿蘇山麓の野外劇場アスペクタ。観客は7万人を超えた。オープニングアクトを務めた「THE HEART」に続いて登場したトップバッターのザ・ブルーハーツの甲本ヒロトは「ウッドストックみてえだな」と言った。日付が変わる頃から天候が悪化し、1時間の降水量が70ミリという集中豪雨になった。外輪山の裾野の斜面に作られた客席は泥流にのまれ、高原の避暑気分の軽装が多かった客席では、低体温症で救急搬送される観客が続出した。筆者もスタッフと一緒に、足首まで泥につかりながら彼らを運ぶ担架を持った。

豪雨による照明や音響の機材のトラブルも相次ぎ、半数は使えなくなった。それでもコンサートは続行された。深夜の中止は行き場を失った観客の遭難につながる。「続行」は警察などと協議した上での判断だった。

開演から半日。雨がやんで白々と夜が明ける中で最後の出演は佐野元春。無数の靴やバッグが水田のような客席一面に浮かんだ終演後の光景は、今でも鮮明によみがえる。

「BEAT CHILD」の全貌は2013年にドキュメンタリー映画として劇場公開されたが、複雑な権利関係もあって発売された映像は、一部の出演者のものだけだ。

「広島ピースコンサート」の熱気をうかがい知れるのは、筆者も寄稿した『ビジュアル・エイド・ブック』くらいだろう。両ライブともに多くの記録は残っていない。

今も「伝説」として語り継がれるゆえんだ。

矢野顕子の「出前コンサート」

ピアノさえあれば注文に応じ、変幻自在に音楽を届ける

「ひとつだけ」

日本の女性シンガー・ソングライターの中で、比較対象が他にいないのが矢野顕子だろう。全身の感覚や感情が指先と一体になったような、即興性に富んだ歌とピアノ演奏。1976年のデビューアルバム『JAPANESE GIRL』で、アメリカ・ロサンゼルスでのレコーディングに参加したアメリカのロックバンド、「リトル・フィート」のリーダー、ローウェル・ジョージが「彼女の才能と音楽性に十分に見合うだけの仕事はできなかった」と言って謝礼を固辞したことは有名だ。

82年10月から始まった「出前コンサート」も彼女の独自性を物語る試みだった。「私の街に来てほしい」という注文があれば、ラーメン屋さんが出前するように自分の音楽を届けに行く。

訪れるのはスタッフと彼女の2人だけ。そこにピアノさえあれば会場は問わない。セットリストもその場の空気で臨機応変で、子ども連れが多い時は童謡をアレンジした曲が増えたりする。会場にあるピアノの鍵盤の具合によって、選ぶ曲のテンポも変わる。

出前コンサートの1回目は水戸市の茨城大学講堂。同大学美術部の女子学生が自分でデザインしたチケットを彼女のところに送ったことから始まった。

筆者が同行取材をしたのは86年7月に行われた22回目で、会場は福岡県直方(のうがた)市の結婚式場。矢野は、着替えの衣装を入れたケースを一つ手にしていただけだった。

彼女を2年がかりで呼んだのは、同県飯塚市に住む24歳の女性。チケットや会場探しは、ボランティアで加わった彼女の友人と行った。

どうしてそういうコンサートを始めたのか。矢野は筆者の取材に、当時一般的だったレコードのプロモーションのためのツアーを「何とかならないか」と思っていたと言った。決められたスケジュールをこなす中には、体調や気分の優れない日もある。それでもミュージシャンやツアースタッフに対しての責任もある。なじみのない街では「動員」も気になってくる。規模が大きければ大きいほど「負担」は重くなる。もっと自由に、自分にしかできない形で音楽を届けたい。ヒントになったのはLPの宣伝会議に同席していた糸井重里の「じゃ、ピアノだけ担いで出前するみたいに自分から行っちゃえば」という言葉だった。

87年5月に長野県松本市と伊那市で行われた公演の模様はライブCD『出前コンサート』(94年)に残されている。ブックレットに掲載された矢野との対談の中で、糸井はそうした前例のない企画を「普通ボツになるよ」と言い、矢野は「ここまで続くとは思わなかった」と述懐している。

出前コンサートは計36回行われ、87年6月でひと区切りとなった。矢野は、その時のことを「出前、まだー?・」と催促されることがつらくなったラーメン屋の店主の心境にたとえている。90年代に入って彼女はニューヨークに拠点を移す。国境もジャンルも超えた自由な活動の中で「出前」が再開されたのは、98年だった。

「じめっとするのは似合わねぇと思うから」
BOØWYの実質的な解散宣言

「DREAMIN'」

どんなバンドの「解散」でも、アーティストサイドが一番神経を使うのが、発表のタイミングだろう。いつどういう形で公にするか。記者会見を行うこともあればライブでファンに向けて直接語られることもある。かなり時間がたってから「実は解散していました」と事後報告として伝えられる例も少なくない。

1980年代のバンドブームを牽引していたBOØWYが解散を表明したのは、87年12月24日の渋谷公会堂だった。

アンコールの最後に訪れたその時の模様は、2001年に初めてVHSやDVDで発売された『1224』などに残されている。こんな具合だ。

2回目のアンコールでステージに上がった氷室京介が、意を決したように「今日はちょっとみんなに言わなければいけないことが一つあって」と切り出す。

「6年間……6年間……6年間BOØWYをやってきました。誰が何と言おうと日本で一番かっこいいバンドだったと思います」

生唾を飲み込むように息を整えて言葉を口にし、時折視線を布袋寅泰に向ける。それはあたかも「ほんとに言っていいのか」と念を押すようであり、「俺に言わせるのか」と、とがめているようにも見えた。視線を避けるようにして目をそらす布袋の表情も胸を打つ。メンバー4人の名前を一人ずつ挙げた氷室は、絞り出すように続ける。

「4人が思い切り4人でできる音楽を6年間やってきました」

解散するのではないかという憶測はすでに広がっていた。事の重大さを察知したファンの悲鳴にも似た声が上がった。たまらずに客席に背を向けた氷室は再び向き直り、涙を浮かべながらこう言った。

「今まで4人でしかできなかった音楽をやってきたように、一人ひとりこれからやっていこうと思います」。その口から「解散」の2文字は出なかったが、実質的な解散宣言だった。

その間、約2分半。「フォークのバンドじゃねえんだから、じめっとするのは似合わねえと思うから」と、最後の曲名「DREAMIN'」を絶叫するシーンの劇的さは、他に例を見ない。

衝撃の表明は、翌日の新聞に載った4人の「ＢＯØＷＹ解散。」という告知広告で広く世間の知るところとなった。

12月24日に表明することは、直近の関係者にしか明かされていなかった。当日の撮影機材もドキュメンタリー用の16ミリカメラ5台のみと、特に大がかりではない。２０１７年12月24日には、２００1年の映像作品では欠損していた部分も発見されて補われ、全ての曲を完全な形で収め、高画質、高音質なライブ映像作品『１２２４ ＴＨＥ ＯＲＩＧＩＮＡＬ』として発売された。ただ、そこでは当初の映像にあった、入場できなかったファンが中の様子を知りたいと押し寄せた圧力で渋谷公会堂の玄関扉の硝子が割れたシーンは、カットされていた。

彼らの最後のステージは88年4月4、5日の東京ドーム。氷室が「まだまだ伝説になんか、なんねえぞ」と叫んで、幕を閉じた。

1988年

4月5日、東京ドームのBOØWY解散コンサート「LAST GIGS」の氷室京介

写真提供：共同通信社

Amazon Music

Apple Music

Spotify

光GENJIのスタートとチャゲアス
ローラースケートで歌う「パラダイス銀河」

自作のオリジナルを歌うことが基本のシンガー・ソングライターが、他の歌い手に楽曲を提供する時に一番多いのが、「アーティスト・イメージにはそぐわない」とか音域の幅などの理由で「自分では歌えない曲を」という形ではないだろうか。自身の「作家性」を試したいという積極的な動機である。

1987年にデビューし、一世を風靡した男性7人組のアイドル「光GENJI」とASKA（当時は飛鳥涼）の関係にもそれが見てとれる。

光GENJIが87年8月にシングル「STAR LIGHT」でデビューした時は全員が10代。ローラースケートを履いて滑走しながら歌うという姿は鮮烈だった。「STAR LIGHT」の後、11月に出た2枚目のシングル「ガラスの十代」、88年3月発売の3枚目「パラダイス銀河」がいずれも1位を獲得。男性アイドルでは、近藤真彦、「少年隊」らに並ぶ人気ぶりとなった。

「STAR LIGHT」の作曲はチャゲ&飛鳥で詞がASKA。「ガラスの十代」と「パラダイス銀河」はＡＳＫＡの作詞作曲で、ファーストアルバム『光ＧＥＮＪＩ』も全ての曲に２人が関わっている。光ＧＥＮＪＩのスタートはチャゲアスあってこそ、と言って過言でないだろう。

ＡＳＫＡは拙著『読むＪ－ＰＯＰ　１９４５－２００４』の取材で「３枚目まで好きにやらせてもらえるのならというので引き受けた」と言った。

彼が書いた曲の中で最も印象に残ったのが「パラダイス銀河」だった。いきなり「遊ぼうよ」と高らかにサビで始まる曲の構成と、きらびやかな照明の中をローラースケートで気持ちよさそうに走り回る姿が痛快なほど一体になっていた。ライブでもテレビ番組でも、歌はマイクの前で歌うものという概念の欠片(かけら)もない。70年代にテレビ番組「日米対抗ローラーゲーム」をきっかけにブームになったものの、道路事情のよくない日本では一般化しなかったローラースケートが、思わぬ形で茶の間に飛び込んできた。「大人は見えない」という詞も、佐野元春や尾崎豊に象徴された「80年代世代」とは違う屈託ない青春賛歌を思わせた。

ＡＳＫＡは「パラダイス銀河」について「こういう音楽で子どもたちが育ってくれれば、日本の音楽も変われるんじゃないか。そんな気持ちで書いたんですよ」と言った。

チャゲアスでは表現しきれない曲を他のアーティストに提供する。それらを自分で歌い直すとどうなるか。「シブがき隊」や中森明菜、テレサ・テン（１９５３～１９９５）らに書いた提供曲のセルフカバーも収められていた初のソロアルバム『ＳＣＥＮＥ』が発売されたのは88年８

月。ソロアーティスト、ASKAの始まりにつながっていった。

日本の音楽環境は、レコードからCDへと大きく変わろうとしていた。8センチCDが出たのも88年だ。翌年には、アルバムもほぼ完全にCDに切り替わった。いわば〝アナログ時代最後〟となった同年のレコード大賞が「パラダイス銀河」だった。


「終りなき旅-ライブ」

疑わなかった美空ひばりの「完全復活」
東京ドーム公演の壮絶な舞台裏

「だが、楽屋裏では、執念とも呼べるすさまじい闘いが繰り広げられていたのだ」

1988年4月11日に東京ドームで行われた美空ひばりの公演、通称「不死鳥コンサート」について、当時日本コロムビアの担当プロデューサーだった境弘邦（1937〜）は、著書『歌こそわが命　美空ひばり思い出のエピソード』（1995年）の中でそう書いている。

日本のコンサート史で88年は「東京ドーム開場」の年として特筆される。それまで「夢の舞台」とされてきた日本武道館から野球場、さらに野外イベントなどへと規模を拡大していた大会場に5万人収容の新たな屋内会場が加わった。

3月のオープン後、アルフィー、ハウンド・ドッグ、ＢＯØＷＹといったロック系の公演が続いた中で登場したのが、ひばりだった。

筆者は、ひばりは史上最大の歌い手であると今も思っている。

「東京」や「横浜」が舞台のデビュー当時のヒット曲「東京キッド」や「お祭りマンボ」「港町十三番地」、ロック系ミュージシャンにもカバーされる「真赤な太陽」、アメリカで録音されたアルバム『ひばり いんあめりか』や『ひばりジャズを歌う』などに残されたリズム感や歌いっぷりは、海外で通用しただろう。同時に「リンゴ追分」や「ひばりの佐渡情話」のような望郷の歌もある。演歌やポップスという音楽ジャンルを超えて、敗戦から立ち直る日本の、夢と希望のシンボルのような存在だったと思う。

彼女が大腿骨頭壊死症と慢性肝炎のため音楽活動を休止したのは87年4月。デビューしてから初となる長期休止後の復帰公演が、東京ドームだった。

開演午後7時。クレーンに乗って登場し歌ったオープニング曲は「終りなき旅」、その後のデビュー曲「悲しき口笛」に始まる自身の軌跡を網羅するように披露した曲は、実に39曲にのぼった。

最後の曲「人生一路」を歌い終えた彼女は自ら希望したという１００メートルの花道を笑顔で歩いてみせた。その姿は花道の下で見ていた筆者の目にも「完全復活」を疑わせないものだった。

美空ひばりの映像作品『不死鳥 美空ひばり in TOKYO DOME〈完全盤〉～翔ぶ!!　新しき空に向って～』

境は前述の自著の中で、ひばりが開演5分前までステージの袖に運び込まれたベッドに横たわっていたことや、酸素吸入器が持ち込まれていたこと、万一倒れたら客席から見えないようにするスモークを用意していたこと、歌い終え戻った時に息子の腕の中に倒れこみ、そのまま車で自宅に運ばれたことなどの壮絶な舞台裏を明かしている。

公演の模様は、今も映像作品の『不死鳥 美空ひばり in TOKYO DOME〈完全盤〉～翔ぶ!!　新しき空に向って～』で見られる。

この映像作品でも、ステージで晴れやかな笑顔で歌う姿から、そうした命がけの闘いは想像できないだろう。だが、「復活」は長くは続かなかった。

近未来のロックで「バクチク現象」
「髪立て系」BUCK-TICK初の大ヒット

「…IN HEAVEN…」

BOØWYやレベッカが起爆剤となったバンドブームは、さらなる変化を見せていた。

一つは彼らの後を追うように登場した新しいバンドの多彩さである。BOØWYの後を追うように群馬から上京し、1987年にメジャーデビューした「BUCK-TICK」もそんな5人組だった。

彼らに驚かされたのは何よりもそのいでたちだった。ボーカルの櫻井敦司（1966〜2023）を筆頭に全員の髪の毛が雷にでも打たれたように逆立っている。加えてデビュー前後のライブのタイトルや、最初のツアーのタイトルが「バクチク現象」だったこともインパクトがあった。第三者が「現象」と名付けるのではなく、自ら語る野心的なネーミング。近づきがたい刺激的な身なりにもかかわらず、ポップなメロディーとツインギターを生かした実験的なサウンドは、近未来のロックを感じさせた。

88年6月に出たアルバム『SEVENTH HEAVEN』はバンド初の大ヒットを記録、その夏の野外コンサートで、注目の的になった。

二つめの変化は、そうしたバンドの多くを世に送り出していたのが、既成のレコード会社とは一線を画したインディーズと呼ばれるレコードレーベルだったことだ。たとえば、BUCK-TICKがデビューした太陽レコードはパンクバンド「火の宮」のメンバーが自分の作品を世に出すために発足させたレーベルだ。「アンジー」や「JUN SKY WALKER(S)」などのバンドは、80年代のサブカルシーンのシンボルのような雑誌「宝島」で知られ、88年に雑誌「バンドやろうぜ」を発刊した宝島社が主体となったキャプテンレコードである。83年の発足当時からインディーズの中心的存在だったバンド「有頂天」のボーカル、ケラ（1963〜）が主宰するナゴムレコードには「筋肉少女帯」や「たま」が所属していた。

彼らの活躍は、メジャーなライブシーン全体にも影響を与えていた。88年3月の東京ドームの開場とほぼ同時期に東京・新宿の日清食品の東京本社ビルの地下にオープンしたのが「日清パワーステーション」だ。

ライブハウスならではのスタンディングエリアとは別に、食事をしながらライブ観賞できる2階部分がある「ロッキンレストラン」。3月と4月に断続的に行われたオープニングイベントでは連日、桑田佳祐、ザ・ブルーハーツ、鈴木雅之、南佳孝、中村あゆみらジャンルを超えた顔ぶれが出演、通常のライブとは違う自由気ままなステージを展開した。

日清パワーステーションは新しいバンドにとっての登竜門であると同時に、大物の〝遊び場〟にもなった。筆者が同所でBUCK-TICKを見たのは6月20日だ。筆者の手帳によると、前週の出演者は「筋肉少女帯」、エレファントカシマシ、松岡英明（1967〜）、吉田拓郎である。

BUCK-TICKのアルバム
『SEVENTH HEAVEN』

当時、ＢＵＣＫ－ＴＩＣＫは「髪立て系」と呼ばれていた。「ビジュアル系」という言葉が使われるのは、89年に「Ｘ」（当時）がメジャーデビューしてからだった。

桑田佳祐初のソロアルバム
反省、そして自信を取り戻しての『Keisuke Kuwata』

「悲しい気持ち
（Just a man in love）」

バンドでもソロにしても、その名前をタイトルにしたアルバムには特別な思いが込められていることが多い。１９８８年７月に発売された桑田佳祐初のソロアルバムのタイトルは『Keisuke Kuwata』である。

サザンオールスターズは85年の２枚組みアルバム『ＫＡＭＡＫＵＲＡ』発表後、メンバーのソロ活動に向かった。86年２月のベース関口和之（１９５５〜）のソロアルバム、４月にパーカッション野沢秀行（１９５４〜）のソロプロジェクトのアルバムと続く中で桑田佳祐がドラムの松田弘（１９５６〜）とともに１年間限定で結成したのがＫＵＷＡＴＡ ＢＡＮＤだった。

「このアルバムを作るきっかけっていうのはＫＵＷＡＴＡ ＢＡＮＤの反省ってのがオレのなかにあってね」

桑田佳祐の初ソロアルバム
『Keisuke Kuwata』

彼は「月刊カドカワ」95年1月号の「総力特集」で『Keisuke Kuwata』についてそう語っている。

サザンは、リスナーも含めて日本のロックの中にあった「洋楽コンプレックス」に果敢に立ち向かったバンドだったと思う。日本人にとってのロックとはどういう音楽なのか。86年7月にKUWATA BANDが発表したファーストアルバム『NIPPON NO ROCK BAND』はそのテーマをさらに発展させたかのような気負いに満ちた、全編英語の歌詞のアルバムだった。

その結果がどうだったのか。彼は同誌の特集の中で「力めばロックってわけじゃないって分かったよね」と話していた。

初のソロアルバム『Keisuke Kuwata』の制作で中心になっていたのは桑田自身と、キーボードなどの小林武史、ドラムなどの藤井丈司（ふじいたけし）（1957〜）。アレンジは小林と桑田、藤井で、プロデュースも3人の連名である。メロディーを生かしたデジタルな音作りが、KUWATA BANDはもとより、サザンとも違う自然体のポップアーティストとしての姿を浮かび上がらせていた。

同時に、後にMr.Childrenのプロデューサーとして一時代を築く小林の名前を印象付けられたアルバムでもあった。

桑田は、彼についてこう話している。

「小林くんにはいろいろ教えてもらったし、そのころ失いかけていた自信を取り戻せたしね」

「サザンは、世間が見ているほど順風満帆のバンドではなかったと思う。デビュー当時のコミックバンドという誤解を払拭することから始まり、やりたいこととやれることのギリギリのバランスの中で、新しい刺激と発見を求めてきた。その後も続くバンドとソロの使いわけは、バンドを停滞させず、より大きくするための知恵だったのではないだろうか。

88年はサザンのデビュー10周年。6月に出た活動再開のシングルは「みんなのうた」（作詞・作曲　桑田佳祐）。原由子や桑田佳祐のソロコーナーも用意された10周年活動再開ツアー「真夏の夜の夢　1988大復活祭」は野外20公演、動員数50万人という、それまでにない規模のものだった。

放射能はいらない

RCサクセション『COVERS』の発売中止

コンサートのアンコールなどで、予定になかった好きな洋楽を鼻歌のように歌うアーティストを見るのは珍しくない。時にはその曲に、アドリブのような思い付きの日本語を乗せたりする。昔風にいえば「替え歌」である。

あのアルバムも、そんな楽しい1枚になるはずだったのだと思う。それが思いもかけない事態に発展してしまった。

1988年6月22日、新聞に「レコード発売中止の御知らせ」と題したこんな広告が載った。

「RCサクセション『COVERS』8月6日発売予定／『ラヴ・ミー・テンダー』6月25日発売予定　上記の作品は素晴しすぎて発売出来ません」

『COVERS』は、RCサクセション初の洋楽カバーアルバムだった。

中止の理由は、今も公式には明らかになっていない。ただ独自の日本語詞を付けた収録全11曲のうち、エルビス・プレスリーの代表曲「ラヴ・ミー・テンダー」では「放射能はいらない」と言い、エディ・コクランや「ザ・フー」で知られる「サマータイム・ブルース」で「原

「ラヴ・ミー・テンダー」

発の安全性」に疑問を呈している。このような反原発を訴える内容が関係していることは明白だった。

東芝EMIの親会社は、原発事業も手がける大手電機メーカー。当時、統括本部長だった石坂敬一（1945〜2016）のインタビューには、上からの「進言」があったと残されている。「素晴しすぎて――」は、彼が忌野清志郎に口頭でその旨を伝えた時のセリフで、そのまま広告に使ってほしいと要望したのは清志郎だったと石坂の口から聞いた。

アルバムは全編が「反原発」だったわけではない。ボブ・ディランの「風に吹かれて」やジョン・レノンの「イマジン」、ローリング・ストーンズの「黒くぬれ！」など、ロックのスタンダード曲の原詞を生かしつつ、実感がこもった日本語に置き替える。訳詞を超えたユーモアと風刺は、清志郎の言葉のセンスを物語っていた。

ゲストには親交の深い泉谷しげる（1948〜）や金子マリ（1954〜）、ファーストアルバム『TEARDROPS』を出したばかりの元村八分の山口冨士夫（1949〜2013）、デビューしたばかりの坂本冬美（1967〜）、高校の同級生、三浦友和（1952〜）、Isuke Kuwatake名義の桑田佳祐らも参加していて、極めて個人的なアルバムに思えた。

アルバム発売日だった8月6日、清志郎は広島ピースコンサートのステージにメンバー4人の覆面バンド「タイマーズ」として登場した。

事前に配布された当日の進行表に書かれていたのは、「とびいり忌野清志郎、10分」「写真、インタビュー、一切ナシ」。工事現場のヘルメットに法被（はっぴ）を着た作業員姿でサングラスをかけた清志郎は、「いやな世の中になっちまったもんでござんすねぇ」という台詞の入る鶴田浩二の「傷だらけの人生」に「好きな歌も歌えねえ」と付け加えて替え歌風に披露した。大きな話題を集めた『COVERS』はキティ・レコードから8月15日に発売、RCサクセション唯一のアルバムチャート1位を獲得した。

「DEAR ALGERNON」

氷室京介のソロデビュー

BOØWY封印、ソロアーティストのスタイルを確立

成功したバンドのボーカリストが、バンド解散後にどう生きるか。それは次の3つに大別されると言っていい。

ソロとしてバンド時代のヒット曲などを歌いながら活動する。メンバーも代えて新しいバンドで再出発する。一切を封印して一から新しいスタイルを作り上げるという3つだ。

1988年4月の東京ドームでの公演「LAST GIGS」を最後にBOØWYを解散し、7月にシングル「ANGEL」でソロデビューした氷室京介が選んだのは、3つめの道だった。

彼は解散から5年が経過した93年の筆者のインタビューで、自分のソロ活動についてこう言った。

「やっぱりBOØWY対俺との勝負ですよね。で、まだまだ負けてる」

それまで彼の取材で、バンド時代の話はタブーだった。93年のインタビューは、初めてBOØWY時代をしのぐセールスを記録した4枚目のアルバム『Memories Of Blue』が出た時のものだ。それでも「負けてる」という言葉に彼の強い思いが感じられた。それはあたかも「仮想敵」に立ち向かうかのようだった。

過去の実績に頼らないだけでなく訣別する。バンド時代を引き摺ることなくソロアーティストとしてのスタイルを確立する。88年9月発売のファーストアルバム『FLOWERS for ALGERNON』はそれらを結実させた作品となった。

共同プロデューサーのベーシスト吉田建が加わった曲もあるものの、全11曲を自ら作曲。バンド時代はギターの布袋寅泰が書いた曲が多かった。泉谷しげるが詞を書いた1曲以外は、松井五郎との共作も含めて全曲の詞も氷室自身が手がけていた。

アルバムのモチーフになったのはダニエル・キイス

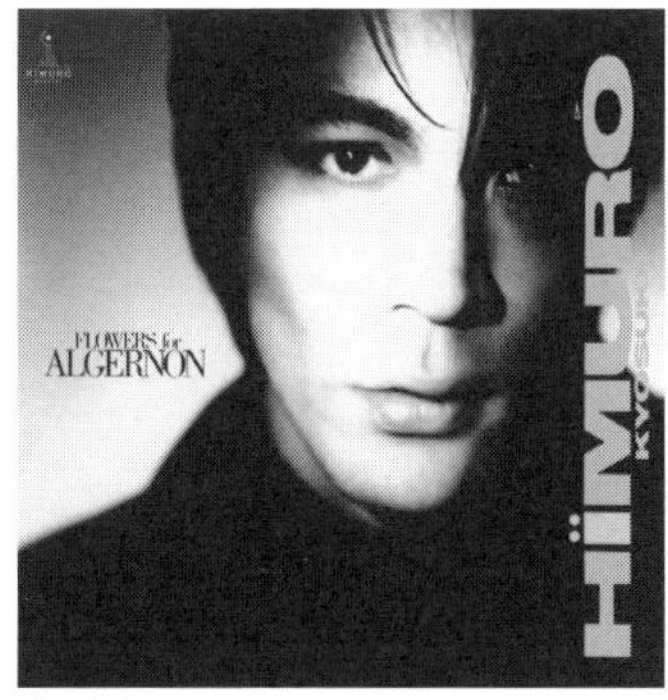

氷室京介のアルバム
『FLOWERS for ALGERNON』

の書いた小説『アルジャーノンに花束を』である。知的障害のある若者が、人の手によって天才的な知能の持ち主に変身させられるものの、結局は元に戻ってしまうというSF小説は、一時的な称賛や名声がいかに空虚ではかないかを伝えていた。

筆者が最も共感した曲が「DEAR ALGERNON」だった。アスファルトの上でいら立ちを吐き捨てる「傷だらけの魂」。「ただのクズでいいぜ」という一節は頂点に立ったバンド時代からの原点回帰を思わせた。

縦ノリの代名詞となったBOØWYとは違う、オーソドックスな8ビートのロックンロールと、痛みに満ちたバラード。『FLOWERS for ALGENON』は88年の日本レコード大賞でアルバム大賞を受賞した。日本武道館での大みそかの授賞式で彼は、「ポピュラリティーを獲得できるロックアルバムを作りたかったのでうれしい」と言った。

エピック旋風とその舞台裏
大江千里の傑作アルバム『1234』とアレンジャー大村雅朗

「Rain」

佐野元春、シャネルズ、ザ・モッズ、TMネットワーク、バービーボーイズ、渡辺美里、小比類巻かほる（1967〜）、岡村靖幸、「DREAMS COME TRUE」……。

いずれも1980年代にデビューした彼らは、78年に設立されたソニー系列のレコード会社、EPIC・ソニーの所属だった。

なぜ新しいレコード会社がそれだけ個性的な顔ぶれを送り出せたのか。設立者の丸山茂雄（1941〜）はエピックの発足について、筆者のラジオ番組やインタビューでこう語っていた。

「テレビ局の偉そうな人たちに頭を下げるのは嫌だなと。基本的には、テレビと関わらないで仕事をしようと思ってスタートした」

音楽業界の既成の力関係に左右されない新しい音楽を作ってゆく。そんな意図に合致した音楽がロックであり、新しい可能性の持ち主として選ばれたのが彼らだった。

スタッフは、映画やファッションなど違う業界から集められた。制作にあたっては「売れるか売れないか」という先例にとらわれず、現場が面白いと思えるかどうかに任せてゆく。楽曲だけでなく、ジャケットのデザイン、プロモーションビデオの制作などのほとんどを社員が行っていた。所属しているアーティストの多くがパイオニア的存在なのは、その結果だろう。

83年5月にシングル「ワラビーぬぎすてて」、アルバム『WAKU WAKU』でデビューした大江千里もそんな一人だ。

80年代のロック系ソロアーティストの先陣を切ったのが佐野だったとしたら、ピアノを弾くポップス系男性シンガー・ソングライターの先駆けが大江だ。デビュー曲のタイトルにある

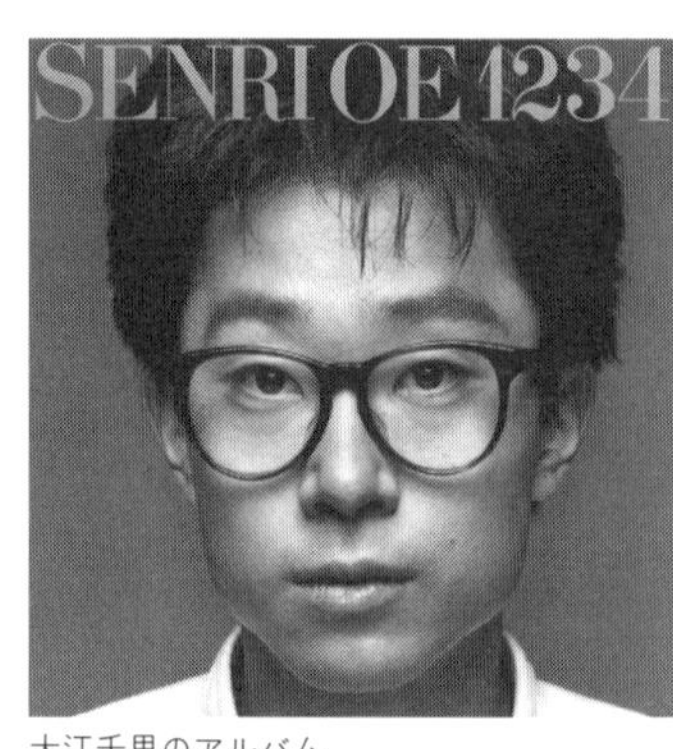

大江千里のアルバム
『1234』

「ワラビー」が、大学生の間ではやっていた英国製のカジュアルシューズのことだったとは、筆者も知らなかった。当時のキャンパスカルチャーの申し子のような存在だった。

ただ、大江はそこにとどまっていなかった。青春風俗や生活感を織り込んだ情景描写や、恋愛心理の描き方は、アルバムごとに密度を増していった。88年7月に出た7枚目のアルバム『１２３４』はその到達点だろう。

編曲は86年の『ＡＶＥＣ』、87年の『ＯＬＹＭＰＩＣ』に続いて全曲が大村雅朗（おおむらまさあき）（１９５１～１９９７）。78年の八神純子の「みずいろの雨」で注目された編曲家だ。83年に日本レコード大賞の編曲賞を受賞した松田聖子の「ＳＷＥＥＴ ＭＥＭＯＲＩＥＳ」では作曲も手がけていた。彼が最も精力的に関わったのが、エピックのアーティストたちの作品だ。佐野元春の「アンジェリーナ」、渡辺美里の「My Revolution」、大沢誉志幸の「そして僕は途方に暮れる」など代表曲の多くが彼の手によるものだ。メロディーを生かしつつさらに新しい要素を付け加える。アルバム『１２３４』の中の〝ビートのきいた大江千里〟という新しいイメージは大村のおかげだった。収録曲の「ＲＡＩＮ」は、後に槇原敬之（１９６９～）にもカバーされている。

80年代、クリエイティブな新風を巻き起こし、アーティスト個人にとどまらず、レーベル自体に熱心なファンを持っていたエピック。その躍進は設立者、丸山が作り出した自由な社風や、個性豊かな社員たちなど、見えない立役者あってのものだった。

尾崎はニューヨークで何を見つけたのか
尾崎豊、環境激変の中で制作した『街路樹』

「街路樹—LIVE CORE at TOKYO DOME, 1998/9/12」

1980年代の音楽ファン、アーティストにとって世界で最も刺激的な街がニューヨークだったと言っても過言ではないだろう。人種のるつぼから生まれるヒスパニック音楽や、ダンスミュージック、ヒップホップやテクノポップ。さらに脈々と流れるスタンダードジャズの伝統。新しいものから古いものまでが渾然一体となった創造的なエネルギー。甲斐バンドや佐野元春、大沢誉志幸、松田聖子など、その渦中で新境地を開いた者は多い。

ただ、86年1月の福岡国際センターのライブを最後に活動を休止、単身ニューヨークに渡った尾崎豊が求めていたのは、そうした音楽の刺激にとどまらなかった。

「ニューヨークに逃げたわけではなく、新しい自分を探しに行った」

尾崎は90年の「月刊カドカワ」の「立体特集特別版　尾崎豊『誕生の瞬間』」でそう言っていた。「ノー・ペイン、ノー・ゲイン」という気持ちで生きてきたとも。「痛みがなくちゃ何も手に入らない」という意味だ。

筆者が成田空港で偶然、尾崎に会ったのは86年9月。彼はビザの更新のため一時帰国していた日本から、ニューヨークへ戻るところだった。中村あゆみのレコーディング取材に行く筆者と同じ便だった。「何しに行くの？」というやりとりから、ニューヨークの彼の部屋を訪れることになった。

彼が暮らしていたのは、アップタウンのキッチン付き長期滞在用アパート。リビングのテーブルには、書きかけのノートが広げられたままになっていた。

彼はやはり「月刊カドカワ」のインタビューで、連日散文を書き続けたことや、どんなに書いても思うようなことが書けなかったこと、帰る場所がない「ホームレス感覚」が募る一方だったと語り、さらに「精神的にも金銭的にもスッカラカンになってしまった」とも明かしている。筆者は、彼がタクシーの中で独り言のように口にした「プッシャーの悲しみを知らずにロックが歌えるだろうか」という言葉が忘れられない。プッシャーというのはドラッグの売人のことだ。

帰国した彼を待っていたのは、音楽環境の激変だった。所属事務所が新たなレコード会社を設立。制作スタッフも変わっていたものの、作品はそこから出さなければいけない。87年7月に始まった帰国後初のツアーは9月に急病のため中止。12月には、覚醒剤取締法違反容疑で逮捕という衝撃的な報が飛び込んできた。

当時のニューヨークは、アスファルトの上に空き缶やガラスの破片が散乱する、危険と隣り合わせの街だった。そこでの「自分探し」で得たものは何だったのか。翌88年9月に出たアルバム『街路樹』について、先述の「月刊カドカワ」では「混沌(こんとん)としすぎたものをまとめようとしてこぢんまり」としてしまったと語っている。タイトル曲「街路樹」から浮かんできたのは、マンハッタンで一人立ち尽くす彼の姿だ。

再び彼の姿を見ることができたのは、同年9月12日、東京ドームでの復活コンサートだった。自分の身に起きた全てのことを引き受けたような迫真のステージは、「尾崎復活」を鮮烈に物語っていた。

孤高のシンガー・ソングライターの到達点
山下達郎のアルバム『僕の中の少年』

ポップミュージックが「商業音楽」である限り、「売れる」という結果が求められ続ける。世の中のニーズに応える音楽と言ってもいい。

ただ、長いキャリアのアーティストには、「売上げ」を度外視して、その人自身を投影したと思える曲もある。そうした曲に出合った時、聴き手はそのアーティストの音楽性をより深く理解することができ、ずっと聴いてきたことが間違いではなかったという確証を持つことができる。

1988年10月に発売された山下達郎のアルバム『僕の中の少年』に収録されていた「蒼氓」は筆者にとってもそんな1曲だった。タイトルは、作家石川達三の同名小説から取られていた。

80年代の彼には、大きな変化が二つあったと思う。一つはデジタル機材との格闘である。50~60年代のドゥーワップなどのソウルミュージックを敬愛している彼が、そうしたアナログ時代の音楽の質感を、デジタルな機材を使ってどう表現するか。初めてデジタル機材を導入して作られたのが、86年発売の『POCKET MUSIC』だった。

その頃の変化について当時、達郎が筆者の取材でたとえていたのが「のみとかんなで仕事をしていた大工さんが、いきなりレーザーを使えと言われた時の戸惑い」だ。『僕の中の少年』の2020年リマスター盤のライナー・ノーツにもそんな格闘の経緯が語られている。

もう一つの変化は83年の『MELODIES』で顕著になった「言葉」にあった。『僕の中の少年』はそれまでのアルバムの中で唯一の日本語タイトルである。竹内まりやに依頼した1曲以外は全曲の詞を彼が書いている。より個人的で内省的な深みが加わった。「蒼氓」はそうした変化の象徴のような曲だった。

まだ少なからず残っていたリゾート・イメージを払い去ったひそやかな祈りのようなソウルミュージック。歌われているのは「市井の人々」。彼の言葉を使えば「無名性・匿名性への熱烈な讃歌」。憧れや名誉はいらないという一節が全てを物語っている。

1936年の藤山一郎（1911〜1993）のヒット曲をコラージュした1曲目の「新（ネオ）・東京ラプソディー」は東京生まれならではの地元愛がにじむ。異例のバラードシングルとして発売された2曲目の「ゲット・バック・イン・ラブ」は、80年の「ライド・オン・タイム」以来のトップ10入りを果たした。

作曲、編曲、演奏、歌唱、ミックスなど音楽制作全てに気を配った、孤高のシンガー・ソングライターとしての到達点だった。

彼はなぜテレビに出ないのか、そしてアリーナなどの大会場で歌わないのか。そんな問いの答えがアルバム『僕の中の少年』にあるのではないだろうか。91年の次作『ARTISAN』の1曲目は、やはり「少年性」を思わせる「アトムの子」だった。

プリンセス プリンセスの快進撃
メンバー全員が楽曲を作り、個性を発揮

「19 GROWING UP
—ode to my buddy—」

以前にも書いたが、1980年代後半のバンドブームを支えていた要因に、10代の女性の存在があった。それまではもっぱら聴く側だった若い女性たちがライブ会場に足を運び、楽器を持ってバンドを組むようになった。

そんな女性バンドブームの象徴が、86年にデビューした「プリンセス プリンセス」だった。83年にロックバンド結成のためのオーディションに集まった10代後半の5人組。ただ、そのバンドは思うような結果を残せずに消滅し、バンド名や事務所を変えて再登場したのがプリンセス プリンセス、通称プリプリだ。

女性だけのロックバンドとしては、79年に結成されて80年にインディーズからデビュー、東京のニューウェーブバンドの先駆として活動していた「ZELDA」がいた。サブカルシーンの中心だった彼女たちが、メジャーのCBS・ソニーに移ったのも85年だった。ハードロックバンドでは87年に日比谷野音でプリンセス プリンセスも交えた女性アーティストだけのイベント「NAONのYAON」を開催した「SHOW-YA」がいる。彼女たちも、82年にバンドコンテストでグランプリを獲得したが、デビューしたのは85年。ボーカルの寺田恵子（1963～）は筆者の取材に「ソロデビューの話ばかりで、女性のロックバンドがなかなか理解されなかった」と語った。

プリンセス プリンセスのアルバム『LET'S GET CRAZY』

プリプリの最大の特徴は、メンバー全員が作詞や作曲をすることにこだわったことだろう。それぞれ創作で個性を発揮した。再デビューまでの期間は曲作りや演奏も含めた個々のスキルアップの時間でもあった。

筆者が彼女たちを初めて見たのは、86年12月の渋谷のライブハウス「take off seven」。その時に感じた「ロックバンド」と「アイドル」のはざまでの模索が一掃されたと感じたのが、19歳という年齢を題材にした88年2月のシングル「19 GROWING UP-ode to my buddy―」だ。アメリカンロック特有の突き抜けた陽気さが、潑溂とした青春を体現していた。

5人の持ち味がバンドとして開花したと思えたのが、88年11月発売のアルバム『LET'S GET CRAZY』だ。

奥居香（現・岸谷香・1967～）の歌声のはじけるような開放感に、中山加奈子（1964～）のひずんだギター、渡辺敦子（1964～）のうねるベースと富田京子（1965～）の重いドラムは正真正銘のロックバンド。アルバムの中の1曲で、今も人気の失恋ソング「M」（作詞・富田京子　作曲・奥居香）のセンチメンタリズムは今野登茂子（1965～）のキーボードあってこそだ。

89年1月、女性だけのバンドとしては初となった日本武道館3日間公演は、2月に追加公演も行われた。8月には2日間の西武球場公演もあった。その年の年間チャート1位と2位は、アルバム発売後に出たシングル「Diamonds」と「世界でいちばん熱い夏」だった。

1989年

6月25日、原宿の歩行者天国でライブするTHE BOOM、ボーカルの宮沢和史

撮影：三浦麻旅子

Amazon Music

Apple Music

Spotify

昭和と平成をつなぐ曲「川の流れのように」

美空ひばりが30代の作家と仕事をした理由

「川の流れのように」

時代を象徴する曲というのは、意図して生まれるものではない。いくつかの偶然のような出来事が重なってそうなってゆく。美空ひばりの「川の流れのように」もそんな曲だろう。発売は1989年1月11日。7日に昭和天皇が逝去され、8日に昭和から平成に元号が変わった。前年に女性歌手として初の東京ドーム公演を成功させた「昭和の歌姫」の新曲が平成の幕開けを彩る曲となった。

「川の流れのように」は作詞が秋元康で作曲は元テクノロックバンド「一風堂」の見岳章（みたけあきら）（1956〜）。88年12月発売のアルバム『川の流れのように　不死鳥パートII』のタイトル曲だ。プロデュースは秋元。作曲に参加したのは後藤次利、林哲司（1949〜）、高橋研、見岳、中崎英也（なかざきひでや）（1959〜）。ニューミュージックやポップス系の若手作家ばかりだった。

美空ひばりの当時の担当プロデューサー、境弘邦は前述の著書『歌こそわが命　美空ひばり思い出のエピソード』で、ひばりが若い世代との仕事を希望したと書いている。

自分の歌がどんな人たちに聴かれているのか。彼女にとって、30代は自分の歌が届いていない「空洞」の世代という認識だった。その世代の作家と仕事をしたいというのは、そこを埋めるためである。境の机の引き出しに眠っていた「美空ひばりに書かせてもらえれば本望」という秋元から届いていた企画書が日の目を見ることになった。境の著書には秋元のことを知らなかったひばりが、「おニャン子クラブ」を手がけた人と教えられた際の反応を伝える記述もある。

「一瞬あっけにとられたが、その後は俄然興味を覚えた様子であった」

美空ひばりというのはそういう人だったのではないだろうか。新しい音楽への旺盛な好奇心の持ち主。アルバムからのシングルカットとしてすでに想定されていた曲を拒んで、自分で決めたいとバラード曲「川の流れのように」を選んだ話は有名だ。

戦後日本を代表する「歌姫」が、ひばりと松任谷由実なのだと思う。

焼け跡から立ち直ってゆく復興期、日本の女性の夢や憧れを体現していた「ひばりちゃん」と、バブル期に向かう社会で女性の自己表現を形にした「ユーミン」。それぞれの時代の、女性の希望となった。

ひばりは89年6月24日、52歳で生涯を終えた。「川の流れのように」は、図らずも昭和の終わりと平成の始まりをつなぐ曲になった。同年11月に35歳の松任谷が発表したのが、アルバム『LOVE WARS』だった。

「歌謡界の女王」から「ポップスの女王」へ。それぞれの時代の「歌姫」のバトンが受け継がれてゆくようだった。

一つの時代の終わり
オフコースとチューリップの解散

「オフコースの解散を聞いた時、僕らも解散していいんだと思った」

チューリップの財津和夫は、筆者のラジオ番組でそう語った。

1989年、70年代から時には競い合うかのようだった二つのバンドが解散した、一足先となったオフコースの解散は2月だった。

彼らの最後のアルバム『Still a long way to go』が発売されたのは88年6月。それに合わせて翌年2月まで100本を超える彼らにとって最長のツアーが始まった。前述したようにオフコースは84年に4人のバンドとして再スタートした。以来3作めとなった同アルバムはシンセサイザーとバンドサウンドが一体になった力作だった。小田和正が今もソロライブで歌う定番曲「君住む街へ」は、バンドバージョンで入っていた。

解散がファンクラブ会員などに告知されたのは、ツアーのさなかの88年11月。当時の報道で

オフコース
「君住む街へ」

はバンドとしてやれることをやり尽くしたこと、などが理由として伝えられた。

　オフコースのプロとしての活動は69年に「ヤマハ・ライトミュージック・コンテスト」で準優勝したことがきっかけだった。そのコンテストで入賞したのがチューリップの前身の「フォーシンガーズ」だ。70年にデビューしたオフコースは72年に小田和正と鈴木康博の2人組になった。チューリップがアルバム『魔法の黄色い靴』などでデビューしたのも72年。つまり、同じ時代を歩いてきた。

　両者には、キーボードが入った編成やハーモニーを生かしたメロディアスなサウンドという共通点があった。生ギターのフォークでも、ハードロックやパンクのバンドでもない。70年代から80年代にかけて興隆したニューミュージックの代名詞的なグループだった。

　バンドとしての成功は、73年にシングルチャート1位を記録した「心の旅」や、74年のロサンゼルスやロンドンでの録音などチューリップの方が先だ。オフコースのブレイクは、80年の「さよなら」のヒットまで待たなければいけない。ソロ活動の開始も、小田より財津の方が早かった。ともにオリジナルメンバーの脱退などを経験する中で、80年代半ばからは、オフコースがチューリップを上回る勢いを見せた。そんな二つのバンドの解散は、一つの時代の終わりを感じさせた。

　オフコースの最後のコンサートは89年2月26日の東京ドーム。小田は「ここから先はみんながオフコースだからね」と言って去った。3月から解散ツアーに出たチューリップのファイナルステージは、同年7月8日、中野サンプラザだった。

「ホコ天」と「イカ天」が浸透させたバンドブーム

「ホコ天」から出てきたTHE BOOM

「星のラブレター」

1989年5月に出たバンド「THE BOOM」のデビューアルバム『A Peacetime Boom』は真っ先にジャケットデザインに惹きつけられた。ギターを抱えた男性に肩車された子どもが、こちらを向いて何か言おうとしている。裏ジャケットにはメンバー4人がたたずむ写真。ともにタイトルのような、おだやかで平和な時間を切り取っていた。撮影はハービー山口。イメージを描いたのはバンドリーダーの宮沢和史（みやざわかずふみ）（1966〜）だったとプロデューサーの佐藤剛（さとうごう）（1952〜2023）が明かしている。

80年代後半のバンドブームには「二つの天国」が関係していた。一つは東京・原宿駅周辺の「歩行者天国」である。路上に楽器を置いて演奏する「路上ライブ」が盛んになっていた。88年には「ホコ天バンド」の先陣を切る形でジュン・スカイ・ウォーカーズがデビューしている。

宮沢は筆者の取材に「ライブハウスへの足がかりとしてホコ天で演奏するようになった」と

言った。ライブハウスはブームの主流だった「縦ノリ」バンドで埋め尽くされていた。

彼らを初めて見たのはアルバム発売に合わせて行われたライブで、場所は東京・新宿の日清パワーステーションだった。曲の途中に、学校のキャンプファイアで踊るようなフォークダンスも織り込まれ、スタンディングの客が、輪になって楽しそうに踊るという自由さは、一連のライブハウスバンドでは見られなかった。「確かにホコ天には壁も天井もないな」と納得した記憶がある。

アルバム『A Peacetime Boom』はその頃の彼らの人気曲が収録されている。軽やかにスキップするようなスカのリズムの「君はＴＶっ子」や、「おりこうさん」などからは都会の若者の生活感がにじみ、「星のラブレター」の詞にあった、月明かりで読み直すラブレターの便箋にコオロギがとまる描写の叙情性はみずみずしかった。

もう一つの「天国」が89年2月に始まったテレビ番組「平成名物ＴＶ」内の「三宅裕司（みやけゆうじ）のいかすバンド天国」である。スタジオで演奏するアマチュアバンドが5週連続で勝ち抜くと〝グランドイカ天キング〟になる。初代グランドキングの「ＦＬＹＩＮＧ　ＫＩＤＳ」はじめ、歴代キングからはプロデビューが相次ぎ、登

THE BOOMのアルバム
『A Peacetime Boom』

竜門としての注目度は高まるばかり。「イカ天」は89年の流行語大賞にも選ばれ、バンド熱はお茶の間にまで広がった。

バンドブームがピークを迎えたさなか、THE BOOMは同年12月に2枚目のアルバム『サイレンのおひさま』を発売。天安門事件をモチーフにした「気球に乗って」や、宮沢の趣味を歌にした「釣りに行こう」など、アマチュア時代の曲が中心だった1作めにはなかった社会性や内省的な作風は、その後を予感させた。

新しい未来を予感させる吉田美和のエネルギー
DREAMS COME TRUEの『LOVE GOES ON…』

「未来予想図Ⅱ」

いつの時代も、年代が変わることで突然、シーンが新しくなるのではない。その前年に次の10年を予感させる顔ぶれが出そろっていることが多い。

1989年3月、アルバム『DREAMS COME TRUE』とシングル「あなたに会いたくて」でデビューしたバンド、ドリームズ・カム・トゥルー、通称ドリカムもそんな一組だった。

時代の主流はロックだった。4月には、後のビジュアル系のカリスマとなったX（当時）もメジャーデビューした。BOØWYやBUCK-TICKの流れをくむビート系に加え、「ホコ天」や「イカ天」からも新しいバンドが続々デビュー、頂点を迎えようとするバンドブームの中にあって、わが道を行くような「踊れるポップス」は新しいエネルギーに満ちていた。

筆者が初めて彼らを見たのは同年8月の「広島ピースコンサート」だ。ハウンド・ドッグを筆頭に、ソロになったばかりの氷室京介やバービーボーイズ、ホコ天出身で話題のジュン・スカイ・ウォーカーズなど気鋭のロック勢に交じったドリカムの歌と演奏は、あっけにとられるほどの存在感を放っていた。

その最大の要因が吉田美和（1965〜）のボーカルにあったことは言うまでもない。生楽器のファンキーなグルーブと、彼女が発散するカラフルで華やかなオーラ、洋楽では味わえない日本語ならではの自然な感情表現は、新しい何かの始まりを思わせた。

彼らの斬新さを決定付けたのが、9月に発売された3枚目のシングル「うれしはずかし朝帰り」だった。

友人や恋人と夜を徹した時間を過ごして朝を迎え、明るくなってから自分の家に帰る。周りの目を気にし

DREAMS COME TRUEのアルバム『LOVE GOES ON…』

ながら、こっそり帰った経験の持ち主は多いはずだ。「はずかしい」とは歌っているものの、うしろめたさや罪悪感を吹っ切ったような朝帰り。カップリングの「うれしい！　たのしい！　大好き！」とともに、前代未聞の若々しい多幸感にあふれていた。

11月には同曲の入った2枚目のアルバム『LOVE GOES ON…』を発表。収録曲の最後は、7分を超える大作「未来予想図Ⅱ」だった。

歌詞のように、ブレーキランプを5回点滅させたり、ヘルメットを5回ぶつけたりして愛情を確かめ合った若いカップルが、当時どれだけ多かったことだろう。松任谷由実とドリカムを両輪にした、90年代前半のラブソング全盛時代の幕が開く、そんな未来をまさに予想する1曲となった。

「服部」って誰!?
バンドブームにナンセンスを持ち込んだUNICORN

「服部（シングル・ヴァージョン）」

ありえない発想や奇抜なアイデアを本気で面白がる。それを仮に「ナンセンス」と言うとすれば、1989年6月発売の「UNICORN」の3枚目のアルバム『服部』はまれにみるナンセンスな作品だった。

まず「服部」とは誰なのか? ジャケットのシュールなたたずまいがインパクト大の白髪交じりの男性については、「第五区七番組副組頭 中村福太郎」とのクレジットがある。メンバーにも服部姓はいない。タイトル曲「服部」は「はっとり」という語感を生かしたかっただけで、特定の個人を歌ったのではなさそうだった。

当初、レコード会社は、メンバーでもない人の写真をアルバムジャケットにすることに反対したという。もしバンドブームの勢いがなかったら、「その方が面白い」というメンバーの意向は却下されたかもしれない。

彼らは東京の「ホコ天」とは無縁の広島で結成。86年、当時のCBS・ソニーのオーディションに合格し、翌87年にアルバム『BOOM』でデビューした。筆者が初めて見たのは、直後に日本青年館で行われたコンサート。イギリスの人気バンド、ベイ・シティ・ローラーズを彷彿とさせるタータンチェックの衣装、GSを思わせるポップロックの達者なバンドということと、アルバムの中の「Maybe Blue」を歌う奥田民生(1965〜)の愛くるしさが印象深かった。

彼らの奇想天外ぶりが発揮されたのは、オリジナルメンバー脱退後の88年に作られた2枚目のアルバム『PANIC ATTACK』からだ。何しろ収録曲「ペケペケ」のプロモーションビデオの舞台はなんと浴場で、湯船の中から姿を現した奥田が演奏するというものだった。

アルバムの1曲目「I'M A LOSER」のプロモーションビデオではメンバーが楽器を持たずに〝演奏〟する。「エアバンド」という言葉もなかった当時、そのバカバカしさは際立っていた。

手がけた映像ディレクター板屋宏幸は筆者の取材に、「『ペケペケ』の温泉の映像は、民生のたっての希望で作った」と話した。その路線は、彼らの1枚目のシングルとなった『服部』収録曲「大迷惑」のビデオで、クラシックコンサートのステージでシャウトするパロディーにも見て取れた。

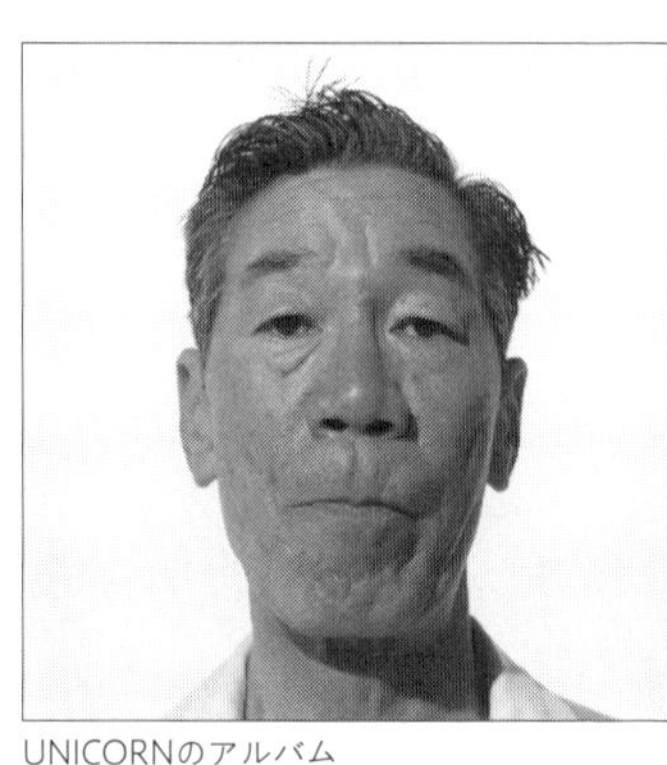

UNICORNのアルバム
『服部』

音楽性も変わった。アルバム『服部』は、それまで多くの詞曲を書いていたボーカル・ギターの奥田だけでなく、キーボード阿部義晴（1966〜）と、ドラム川西幸一（1959〜）、ベース堀内一史（1965〜）、ギターの手島いさむ（1963〜）の全員が、作詞や作曲に参加。多彩な個性が形になった。それぞれの曲にはロックンロールに加え、ジャズやレゲエ、サンバにワルツにテクノポップなどの要素も取り入れられていた。

意外だったのは、シングルカットされたエスニック調の「デーゲーム」（作詞・作曲　手島いさむ）だった。コント55号の坂上二郎（1934〜2011）とユニコーンがハーモニーを奏でる。

坂上が出演した野球場での映像も含め、ノスタルジックな雰囲気にほろりとさせられた。アルバム『服部』はアルバムチャート最高位3位を記録。音楽性も含めその後の彼らの方向性を決めることになった。

バンドブームの中に「ナンセンス」を持ち込んだユニコーン。それは自由だった80年代そのものであり、60年代の破天荒なバンド「クレージーキャッツ」の再来を見るようだった。

松任谷由実
「ANNIVERSARY」

「一瞬のきらめきのようなバブルの世紀末に」
中島みゆきとユーミン、新時代へ

1989年11月、80年代後半の変化を物語る二つの出来事があった。

一つは「質的変化」である。80年代を先導してきた実績や名声の持ち主が、そこにとどまらず新しい表現の場を求めるようになる。

中島みゆきが、開業したばかりの東京・渋谷のBunkamuraのシアターコクーンで始めた音楽舞台「夜会」がそれだ。収容700人余りの小会場で、約1カ月で20公演。しかも、開演は通常のコンサートよりも遅い夜の8時だ。

その時の定義は「言葉の実験劇場」。彼女は筆者の取材で「夜会」を始めた動機を、「通常のコンサートではできないことをやりたかった」「すでに世に出ている曲をイメージから解放したかった」と言った。

誰もが知っている曲を、別の文脈や物語の中に置くことで再生させる。後に原作や音楽も含めて一切がオリジナルになり、徐々に演劇性を強めていく夜会は、その時は「一味違うコンサート」という印象だった。

彼女は、それが可能になった理由として「水も使える演出の自由度が高い劇場の開館」と「瀬尾一三さんと出会えたこと」を挙げた。88年に出会ったプロデューサー瀬尾（1947〜）は、中島の中の音楽的な創作欲を形にする知識や方法論の持ち主だった。「夜会」は90年代以降の活動の新しい柱になってゆく。

「量的変化」を象徴していたのが、11月25日に発売された松任谷由実のアルバム『LOVE WARS』だ。80年代後半に確立された「OLの教祖」的な存在感を決定的なものにしたアルバムが、都会で働く女性らの喜怒哀楽などをつづった『ダイアモンドダストが消えぬまに』（87年）と『Delight Slight Light KISS』（88年）だった。

ユーミンは『ダイアモンドダストが消えぬまに』発売時の筆者の取材に、「シャンパンの泡の一

松任谷由実のアルバム
『LOVE WARS』

瞬のきらめきのようなバブルの世紀末を踊ってみたい」と言った。そこに『LOVE WARS』を加えた3枚は「純愛3部作」と呼ばれた。その完結編のテーマは「恋の任侠（にんきょう）」。出会いや別れを経験した「純愛」の終着点がアルバム最後の曲、今も歌われる「ANNIVERSARY」だった。

音楽業界もバブルの渦中にあった。CDの利便性は音楽をより身近なものにした。クリスマスケーキのようにCDショップの店頭に積まれた彼女の作品は、年末の風物詩になった。翌90年発売の『天国のドア』で、日本のアルバム史上初めて達成することになる200万枚の扉が、すぐそこに見えていた。

改めて最終の校正を読み直していて、触れられなかったアルバムや曲の多さに後ろ髪を引かれるような思いに捕らわれている。

たとえば小山卓治（1957～）が85年に出した3枚目のアルバム『Passing』。この中の8分を超える「Passing Bell－帰郷－」に代表される一連の「ストーリーソング」は即時的な刺激が先行する配信時代には生まれないだろう。彼のことを「シンガー・ソング＆ストーリーテラー」と呼んだことがある。

オリジナルアルバムを中心に、ということで抜けてしまったアルバムも2枚ある。80年に出た山下達郎の『ON THE STREET CORNER』と84年の柳ジョージ（1948～2011）の『GOOD TIMES』である。前者はいうまでもなくソウル・ドゥーワップを軸としたアメリカンポップスのカバーアルバム。〝アカペラ〟という言葉を日本のポップスファンに認知させた歴史的アルバムと言っていい。コンピューターが普及していない時代の気が遠くなるような手作り作業で生まれたアルバムは、彼の金字塔的1枚だろう。

柳ジョージの『GOOD TIMES』は、やはり彼が敬愛するアメリカンポップスのカバーアルバム。オリジナルの歌手が歌うものよりしっくりきた英語のアルバムとして特筆しておきたい。ともに3作まで出ている異例のヒットシリーズだ。80年代のアーティストの「洋楽」への愛着を物語っていないだろうか。一連の「シティポップ」もそういう背景があって生まれたと言っていいだろう。

この本は２０２０年4月から2年間、共同通信社から毎週1回１００回限定の連載コラムとして配信されていた「80年代ノート」に手を加えたものだ。

東京新聞や信濃毎日新聞、中国新聞、京都新聞など全国20紙近い新聞で掲載されていたので、目に留めて頂いた方も多いのではないだろうか。

ただ、新聞記事の宿命ではあるのだろうが、文字数が限られていて触れられないことや書きれないことも少なくなかった。加筆できたことで連載時にあった言葉足らずなもどかしさを拭えたように思う。

「80年代」をちゃんと書きたいという気持ちは「毎日新聞」で連載していた「70年代ノート」を２０１１年に書籍化した時からあった。

今の日本のポップミュージックのインフラが整えられた「開拓時代」が70年代だったとしたら、それらが一斉に開花していったのが80年代だった。それまで「あっち側」「こっち側」として相いれなかった芸能界、歌謡界とフォークやロックなどの新しい音楽との境界線がなくなり、新しい「Ｊ－ＰＯＰ」が誕生した。「80年代」以上に刺激的で希望に満ちていた時代はなかったということは間違いないだろう。

「70年代ノート」に比べると「私的」な要素は減っているかもしれない。それはひとえに自分の仕事や生活環境がそうさせたと言っていい。それまでの「編集者」や「放送作家」などの仕事から「音楽ライター」という在りように特化していった時期だったからだ。音楽が面白かった、取材していて楽しかった。70年代のように「他にやりたいことが見つからない」という消極的な選択から、「音楽を書く」ということに積極的な意味を見つけられた過程だったからだ。

そういう10年間で「最も忘れられない1日」が86年9月12日だった。本文中に何度も登場する「40歳」になる日である。

その日は中村あゆみのミニアルバム『Holly-Night』の取材で、トラックダウンを行っていたニューヨークのスタジオ、レコード・プラントにいた。

スタジオに入った時に壁にかかったジョン・レノンとオノ・ヨーコの『ダブル・ファンタジー』が目に入った。『Holly-Night』のエンジニア、トム・ペナンツオは『ダブル・ファンタジー』のアシスタントのひとりだった。スタジオのロビーでインタビューを終えてから「80年12月8日のことを聞かせてほしい」と頼んだ。彼は「ジョンは、今、君が座っている椅子で雑談をしていて、じゃまた明日、と出て行った数分後にテレビのあのニュースが流れたんだ。みんなまたジョンのジョークだと思ったら本当だった」と言って目を伏せた。俺はジョン・レノンが生前最後に座っていた椅子で40を迎えている。そう思ったら涙が止まらなくなった。

出発の成田空港で尾崎豊に会ったことは本文でも書いた。同時期に中島みゆきのアルバム

『36.5℃』のトラックダウンのために同アルバムのプロデューサーの甲斐よしひろも、85年にインディーズアルバム『新宿の片隅で』でデビューしたＳＩＯＮもアルバム『春夏秋冬』のレコーディングでニューヨークにいた。自分が好感を持っていたそれだけのアーティストとともに40歳を迎えている。それは信じられない夢のような出来事だった。帰国便が燃料トラブルでアンカレッジ空港に緊急着陸した時は、生きた心地がしなかった。

先日（２０２４年２月５日）、結成１９６９年、日本のロックの礎となった「頭脳警察」の新作アルバム『東京オオカミ』が出た。リーダーのＰＡＮＴＡは２０２３年の7月に73歳で亡くなっている。最終歌入れに間にあわず仮歌をそのまま使った曲もあるという「遺作」だった。

アーティストだけでなく同業の友人たちの訃報も相次いでいる。２０２３年5月に63歳の若さでなくなった藤井徹貫（てっかん）もその一人だ。この本を丁寧に編集してくれたホーム社の河井好見に久々に再会したのは彼のお別れ会に向かう時だった。

書籍化を快諾してくれた彼女は80年代当時「ＥＰＩＣ・ソニー」販促部と「パチ・パチ」の編集部にいた。徹貫が引き合わせてくれたとしか思えなかった。

彼女と連載時の担当、共同通信社文化部の瀬野木作、そして天国の徹貫と、この本を手にしてくれた貴方に心から感謝の気持ちを伝えておきたい。ありがとうございました。

２０２４年２月

田家秀樹

サザンオールスターズ『KAMAKURA』
BUCK-TICK『SEVENTH HEAVEN』
桑田佳祐『Keisuke Kuwata』
以上、提供:ビクターエンタテインメント

中島みゆき「悪女」
あみん「待つわ」
チェッカーズ「涙のリクエスト」
以上、提供:(株)ヤマハミュージックエンタテインメントホールディングス

THE BLUE HEARTS「リンダリンダ」
トライエム/メルダック

美空ひばり『不死鳥 美空ひばり in TOKYO DOME〈完全盤〉〜翔ぶ!! 新しき空に向って〜』
©ひばりプロダクション　提供:日本コロムビア

(掲載順に従い、各レーベルごとに記載)

本書は、2021年4月20日より2023年3月28日まで、共同通信から配信され、地方新聞に順次掲載された連載「80年代ノート－花開いたJ-POP－」に、加筆したものです。

ジャケット写真提供クレジット

佐野元春『BACK TO THE STREET』
松田聖子「裸足の季節」
浜田省吾『PROMISED LAND～約束の地』
佐野元春『VISITORS』
オフコース「君が、嘘を、ついた」
TM NETWORK『RAINBOW RAINBOW』
尾崎豊『回帰線』
はっぴいえんど『THE HAPPY END』
REBECCA「フレンズ」
渡辺美里『eyes』
BARBEE BOYS「負けるもんか」
米米CLUB『シャリ・シャリズム』
松田聖子『SUPREME』
岡村孝子『liberté』
浜田省吾『J.BOY』
大江千里『1234』
プリンセス プリンセス『LET'S GET CRAZY』
THE BOOM『A Peacetime Boom』
DREAMS COME TRUE『LOVE GOES ON…』
UNICORN『服部』
以上、提供:ソニー・ミュージックレーベルズ

RCサクセション「雨あがりの夜空に」
沢田研二「背中まで45分」
安全地帯「ワインレッドの心」
寺尾聰「ルビーの指環」
松任谷由実『SURF & SNOW』
薬師丸ひろ子「セーラー服と機関銃」
松任谷由実、小田和正、財津和夫「今だから」
甲斐バンド『THE 甲斐バンド』
BOØWY『BEAT EMOTION』
長渕剛『STAY DREAM』
安全地帯『安全地帯V』
氷室京介『FLOWERS for ALGERNON』
松任谷由実『LOVE WARS』
以上、©ユニバーサル ミュージック

イエロー・マジック・オーケストラ『増殖』
提供:アルファミュージック／ソニー・ミュージックレーベルズ

小室等『小室等・ニューヨーク24時間漂流コンサート』
井上陽水『LION&PELICAN』
イモ欽トリオ「ハイスクールララバイ」
吉田拓郎『FOREVER YOUNG』
吉田拓郎『ONE LAST NIGHT IN つま恋』
以上、提供:フォーライフミュージックエンタテイメント

大滝詠一『A LONG VACATION』
©THE NIAGARA ENTERPRISES INC.

加藤和彦『ベル・エキセントリック』
中森明菜「少女A」
山下達郎『Melodies』
竹内まりや『VARIETY』
中村あゆみ「翼の折れたエンジェル」
以上、提供:ワーナーミュージック・ジャパン

アナーキー「ノット・サティスファイド」
サザンオールスターズ『人気者で行こう』

田家秀樹
音楽評論家、ノンフィクション作家、放送作家、ラジオの音楽番組パーソナリティー。日本のロック、ポップスを創生期から見続けている。1946年、千葉県生まれ。中央大学法学部政治学科卒業。1969年、タウン誌のはしりとなった「新宿プレイマップ」創刊編集者になる。文化放送「セイ！ヤング」などの放送作家、「レタス」（サンリオ）などの若者向け雑誌編集長なども経験。放送作家としては、民間放送連盟賞ラジオエンターテインメント部門で最優秀賞（2001年）や優秀賞などを受賞。著書に『風街とデラシネ　作詞家・松本隆の50年』、『オン・ザ・ロード・アゲイン　浜田省吾ツアーの241日』など多数。

80年代音楽ノート

2024年3月30日　第1刷発行

著　者　田家秀樹
発行人　茂木行雄
発行所　株式会社ホーム社
〒101-0051　東京都千代田区神田神保町3-29 共同ビル
電話　編集部　03-5211-2966
発売元　株式会社集英社
〒101-8050　東京都千代田区一ツ橋2-5-10
電話　販売部　03-3230-6393（書店専用）
読者係　03-3230-6080
装　丁　松田行正＋山内雅貴
印刷所　TOPPAN株式会社
製本所　加藤製本株式会社
本文組版　有限会社一企画

80's Music Notes

ISBN：978-4-8342-5381-8　C0095

本書を購入された方にテキストデータを提供いたします。
視覚障害などの理由で本書をお読みになれない方に、
テキストデータを提供いたします。
こちらのQRコードよりお申し込みのうえ、
テキストデータをダウンロードしてください。